グローバル化と
ローカル化の
せめぎ合い

人間，コミュニティ・伝統文化と
ポリティカルエコノミー

河村　一 ［著］
Hajime Kawamura

文眞堂

はじめに

　21世紀も20年近くたった今，国際情勢はきわめて苛烈になっています。そのことは地域社会(コミュニティ)にとっても無関係ではありません。もはや地域は国際情勢と切り離しては存立しえず，とりわけ地域経済は過酷な世界情勢のなかで厳しい挑戦を受けているのです。地域の経済も否応なしにグローバル化の波におおわれています。たとえば，ガソリン価格や食料品価格に表れるように，毎日の食卓にも世界経済の動きが反映しています。

　また，目下，北朝鮮問題，国際テロなどさまざまな問題が私たちにはあります。北朝鮮の存在は冷戦後もつづく戦後パックス・アメリカーナ時代の遺産，IS（イスラム国）の存在はイスラームの世界――典型的には原理主義――の象徴的なものでしょう。拉致問題や空港での検査にも表れているように，私たちの「日常」生活でもよく考えれば了解できることでしょう[1]。

　ところで，日本の企業社会もまた変容し，働き方改革もいよいよ本丸にあがってきました。そうした日本経済の現状に鑑み，本書は従来のMNC論に地域経済という切り口で挑みます。その際，たとえば，グローバル経営の安室憲一の「埋め込み」理論がひとつの参考になります（『多国籍企業と地域経済』）。それは，前稿（「グローバル化とローカル化の『隔たり』について」）でふれたように，ローカルの「埋め込み」の力であり，ビジネス生態系の相互的な発展のしくみです。今あちこちで言われているモノづくりを根本から考えるというこ

i

とでもあります。

　また，アジアを中心に注目すれば，末廣昭の「キャッチアップを超えて」の視角（『新興アジア経済論』）も重要です。いわばキャッチアップ工業化論の新展開です。そして，その折りにはこれまでの経済学の体系を一度解体し，いわば総合的な社会科学として，いや学際的なものとして再構成します。いやむしろ，創造し直すことこそ現在の緊喫の課題なのではないでしょうか。既存の経済学——狭義の経済学——ないし現代経済学では捨象されてきた生身の人間を，ここで表舞台に登場させることがようやく必要とされるようになったのではないでしょうか（なお，内橋克人編『経済学は誰のためにあるのか』岩波書店，1997年も参照してください）。

　本書の内容はおおよそ以下のようです。まず，MNC論の基礎にある経済学や経営学を文化の面からとらえ直す試みです。わけても観光学からの切り口は有効であると考えられます。それは，いわば歴史と文化のエッセンスともいうべきものだからです。そのうえで，世界経済ないし国際金融の現状を分析する際に欠かせない視点を獲得し，国際情勢をふくめて大胆にも現代社会を論じることにしたいと思います。

　したがって，本書の章別構成は以下になります。まず，第1章は「まず旅（観光学）を始めてみよう！」となります。そもそも旅行や観光は人生（生き様）と結びついており，文学の営みにつながるものです。また，観光立国を宣言した日本にとって「クールジャパン」構想がうち出されていますが，その中身が真に問われています。第2章は「グローバル化は文化摩擦？」であり，経済摩擦と考えられるグローバル化が実は文化摩擦であることが述べられます。ここでは，アベノミクスも取り上げられ，その功罪が解説されます。第3章「リージョナリズムとは地域経済統合のこと」ではEU，NAFTAそしてASEAN＋3などが説明されます。また，その文脈のなかで今や2極

構造のうえで米中経済戦争が懸念されています。それで人民元の国際化も説明されます。第4章は「CB／SB，NPO・地域通貨」についての章です。CBはコミュニティビジネスです。当然，近年のビットコインにも言及し，その衝撃が叙述されます。さて，第5章「地域の国際化・グローバル化」では北海道と九州に例をとって日本の国際化やグローバル化の現状と課題に迫ります。いわば内なる国際化とも関連しています。しかし，ことはそれにとどまらない。これは国際交流のススメでもあります。それは本書の眼目の一つでもあります。そうすると，IR（統合型リゾート）促進法，ひいては日本でのカジノ導入の是非にも触れなければならないでしょう。第6章「グローバル企業と世界経済の現況」ではタックスヘイブン，トランプ政権の経済政策を中心にMNCと世界経済の現状が解説されます。世界経済の現状を語るには，自由貿易か否かではなく，グローバル企業と地域経済の関係を踏まえなければならないと考えられます。「結びにかえて」はいわば終章であり，これまでの各章を振りかえりながら一応，総括をしたいと思います。

　最後に，なによりも伝統文化のグローバル化に注目して初めて経済のグローバル化を解明できるという視点が欠かせない！　また，現在の経済学を「解体」するとまでは宣言しませんが，観光学の視点からこれまでの経済学や経営学の諸論点を一度オーバーホール（分解掃除）してみることも必要ではないかというのが本書の一応の到達点です。これからも皆さんとともに考えていきたいと思います。

　なお，本書の刊行は，出版事情の厳しき折，釧路公立大学学術図書出版助成（平成30年度）からの補助により実現したものであることを付記しておきます[2]。また，文眞堂には専門書の出版社でありながら広く読者に語りかけたいという筆者の思いの発露を真摯に受けとめていただきました。お礼申し上げます。しかし，言うまでもなく，ここまで来られたのは多くの方々のさまざまな支援があったからです。

はじめに

いちいちお名前は書きませんが，感謝の言葉もありません。

2018 年 10 月吉日

　　　　　　　　　　　　　　　　　　　　　　　日本最東端の大学にて

　　　　　　　　　　　　　　　　　　　　　　　　　　筆　　　者

［注］
1　筆者はこれまで「第 1 次大戦前アメリカの対外直接投資―対カナダ製造業投資を中心に―」（佗美光彦・杉浦克己編『国際金融 基軸と周辺』），「事業のグローバル化―日本企業の対アジア戦略を中心に」（河村哲二・柴田徳太郎編『現代世界経済システム』），「企業活動のグローバリゼーション～＜地域経済圏＞との対抗関係」（SGCIME 編『グローバル資本主義と企業システムの変容』），「グローバル化とローカル化の『隔たり』について―世界経済の構造変化と MNC の行方を見すえて―」（釧路公立大『社会科学研究』第 29 号）他と，対外直接投資（FDI）と多国籍企業（MNC）について執筆してきました。そして，米系企業の対カナダ製造業投資，日系企業のアジア進出およびグローバル企業の経営戦略と FDI の関係などをそれなりに明らかにしてきました。いろいろと模索してきましたが，とりわけ経済と文化の関係は FDI 論を展開するうえで一種の焦点になるものと思われます。
2　筆者は同大学の開学から教鞭をとってきましたが，この場を借りて心から感謝の意を表したいと思います。

目　次

はじめに ……………………………………………………………………… i

第1章　まず旅（観光学）から始めてみよう！ ……………… 1
　　はじめに ……………………………………………………………… 1
　1. 柳田，宮本と観光学の現在 …………………………………… 3
　2. 観光とは？ ………………………………………………………… 6
　3. 観光と文学 ………………………………………………………… 9
　　補論　グローバル経済下の世界文学史の意義と課題 ………… 20

第2章　グローバル化は文化摩擦？ …………………………… 29
　1. 高度経済成長の終焉，スタグフレーション ………………… 29
　2. 製鉄，自動車・電機メーカーの海外現地生産 ……………… 30
　3. 中小企業の対アジア進出―MNC の転身 …………………… 34
　4. 日本異質文化論，特殊な取引（商）慣行！？ ……………… 37
　5. 第二次安倍内閣の経済政策 …………………………………… 40
　　補論　アベノミクスの功罪 ……………………………………… 50

第3章　リージョナリズムとは地域経済統合のこと ……… 55
　　はじめに ……………………………………………………………… 55

v

目　次

　　1. 地域経済統合とは ……………………………………………… 56
　　2. 世界のFTA締結状況 …………………………………………… 61
　　3. 人民元の国際化 ………………………………………………… 68
　　4. 小括 ……………………………………………………………… 70
　　補論　テロ，北朝鮮問題 …………………………………………… 76

第4章　CB/SB，NPO・地域通貨 …………………………………… 83

　はじめに ……………………………………………………………… 83
　1. CBの展開 ………………………………………………………… 84
　2. NGO・NPO ……………………………………………………… 85
　3. 地域通貨 …………………………………………………………… 87
　4. その他情報社会の現状 …………………………………………… 91
　5. SB，IoT・BTC …………………………………………………… 93

第5章　地域の国際化・グローバル化：
　　　　　国際交流／「内なる国際化」のすすめ ……………………… 107

　はじめに：外国姉妹都市・港（国際交流）……………………………… 107
　1. 地域活性化，まちおこし ………………………………………… 108
　2. 近年の日本の地域企業による海外事業展開の動向 …………… 110
　3. 地方企業の国際化・グローバル化 ……………………………… 116
　4. MNCと地域経済，地方創生 …………………………………… 120
　5. 小括 ……………………………………………………………… 128

第6章　グローバル企業と世界経済の現況 ……………………… 139

　　1. 世界経済の構造変化 …………………………………………… 139

2. グローバル企業と世界経済——MNC と対外直接投資の推移… 147
　3. MNC と地域経済の連携……………………………………… 150
　4. 経済格差の拡大……………………………………………… 157
　5. 移民，難民問題……………………………………………… 159
　6. 中国経済の減速と「一帯一路」政策，情報統制 ………… 161
　7. 仮想空間「メルカリ経済圏」は成長するか ……………… 163
　8. パナマ文書の衝撃…………………………………………… 164

結びにかえて……………………………………………………… 175
主要文献資料一覧………………………………………………… 178
索引………………………………………………………………… 187

第 1 章

まず旅（観光学）から始めてみよう！

はじめに

　実は観光業はあの GDP（国内総生産）の最大項目――2016 年に世界全体の GDP の約 10％を占めている――です[1]。しかし，経済統計上一つの分野に収まらないため，ふつう観光業として最大の産業とは意識されないといわれます。にわかには納得がいきませんが，それだけすそ野がひろい産業なのです。まず，そうしたことから確認することにしようと思います。そのために，さきに世界観光機関（UNWTO）の叙述を見てみましょう。

(1) 観光：「発展，繁栄，幸福へのカギ」

　世界では，これまでにない数の行き先が開発され，観光関連の投資がなされ，観光は雇用と事業の創出，輸出収入，インフラ開発をつうじ社会経済の発展を牽引する重要な役割をはたしてきました。観光は，過去 60 年間にわたり拡大と多様化をつづけ，世界最大かつ最速の成長をみせる経済部門の一つとなりました。従来から定番として人気のあるヨーロッパや北アメリカにくわえ，多くのあたらしい行き先が登場しました。
　観光は時おりの予期しない事態の発生にもかかわらず，その強みや回復力をしめし，じっさい途ぎれることなく成長をつづけてきま

した。国際観光客到着数は1950年の2,500万人から，80年には2億7,800万人，2000年には6億7,400万人，そして16年には12億3,500万人と，世界全体で増加してきました。

行き先での国際観光収入もおなじく，1950年の20億米ドルから80年には1,040億米ドル，2000年には4,950億米ドル，そして16年には1兆2,200億米ドルと急増しています。

観光は国際サービス貿易のおもな部門です。2016年，国際観光は行き先での収入にくわえ，非居住者にたいする国際旅客輸送サービスをつうじて2,160億米ドルの輸出を創出し，観光輸出の総計は1兆4,000億米ドルとなり，1日平均40億米ドルとなりました。

国際観光は，この5年間に世界貿易を上まわる成長をとげており，2015年の6％から1ポイント上昇し，財・サービスにおける世界輸出の7％を占めています。

世界全体の輸出部門として，観光は化学，燃料につぐ第3位であり，自動車関連や食料を上まわりました。おおくの開発途上国で，観光は輸出部門の首位をしめています。

(2) 2016年の国際観光

地域別にはヨーロッパが観光客到着数でも観光収入でも最大となっていますが，アジア・太平洋がそれに続いています。伝統的にヨーロッパが最大の観光地でしたが，近未来にはアジアそして太平洋がそこに追いついているし，期待されてもいます[2]。

この間観光産業は，ごく大まかにいえば観光政策としてインバウンド観光の方向で推移してきたといえましょう。ここで少し視点をかえて見てみることにしたいと思います。

図表2-1　観光客数と観光収入（2016年）

大陸	観光客到着数数（万人）	観光収入額（米ドル）
米州	1億9,900（16％）	3,130億（26％）
ヨーロッパ	6億1,600（50％）	4,470億（37％）
アフリカ	5,800（5％）	350億（3％）
中東	5,400（4％）	580億（5％）
アジア・太平洋	3億800（25％）	3,670億（30％）
世界	12億3,500（100％）	1兆2,200億（100％）

出所：「UNWTO Tourism Highlights, 2017 Edition 日本語版」（https://www.e-unwto.org/doi/pdf/10.18111/9789284419296：2018年4月20日閲覧）。

1．柳田，宮本と観光学の現在

それは，観光の現象ではなく，その根底にあるものをまず確認しておこうというものです。

(1) 民俗学・旅学

旅行や観光を考えるばあい，実は柳田民俗学がいわば出発点になります。柳田國男の研究は農政学に始まり実に多岐にわたっていますが，旅を抜きにありえなかったといっても過言ではありません。今でいえばフィールドワークでしょう。ただ，柳田民俗学の精髄はキーワードである常民の研究に尽きます。柳田のさまざまな研究分野を一言でいえば，それ以外に言葉が見当たりません。ともかく，今，観光学について語るとき，柳田民俗学を抜きにすますことはできないと思います。

しかし，観光学からいえば，同時に柳宗悦の民藝運動も見のがせないと思います。民藝のことはさておき，それは心の旅でもありました

(ウィリアム・ブレークの研究という彼の初期の研究からいえば，漂泊の旅というべきかもしれません）。つまり，旅や観光旅行で何を得るかと言い直した方がよいということです。

　また，新日本紀行（NHK），「街道を行く」（司馬遼太郎の歴史紀行）は古（いにしえ）の再発見ともいえます。そうだとしますと，ダンテ（『神曲』），セルバンテス（『ドン・キホーテ』），W・ブレーク（『無垢の歌・労働の歌』），ゲーテ（『ファウスト』），ロマン・ロラン（『ジャン・クリスト伯』）ほかも見のがせません。日本では，西行，菅江真澄の旅〔自然と歌〕が浮かびあがってきます。聖地巡礼，修行僧，お遍路（巡礼）があり，最近でもお城めぐり，寺参り，温泉めぐり等々が人びとの関心をよびます。

　これらの作品はすべて旅にまつわるばかりでなく，社会的な意義を多くもつである点がたいへん興味ぶかいところです。

　さて，宮本常一の神髄は「歩く，見る・聞く」旅にあり，それが彼の観光学であったように思われます。日本全国を歩き回ったし，アジアやアフリカなど外国にも足を運びます（ちなみに，柳田も日本だけでなくヨーロッパをも巡っています）。

(2) ニューツーリズム

　また，最近の観光研究の動向から，ニューツーリズムに注目する必要があります。

　ニューツーリズムにはアニメツーリズム，グリーンツーリズム，ジオツーリズム，産業観光，ダークツーリズム，ゾンビツーリズムなどがあります。また，それらは聖地巡礼，スローフード，負の遺産，長期体験型，6次産業化といった内容とも関連してきます。

　たとえば，アニメツーリズムはアニメの聖地を巡ることそのものです。グリーンツーリズムは環境保護運動と結びついています。当然，

それはスローフードや6次産業化といったものを目ざすことになるでしょう。ジオツーリズムは比較的最近のものですが，自然の歴史や人びとの生活と深くつながっているものと思われます。産業観光にも同じような志向があると考えられます。ダークツーリズムが負の遺産と切りはなせないものであることについては説明しなくてもいいでしょうね。ゾンビツーリズムはかなり説明が必要でしょうが，要するに，歴史と文化の関連で真正性（オーセンティシティ）が浮かびあがってくるものと考えられます。そう考えると，いわば観光のエッセンスといってもよいものになります。

　さて，台湾やインドネシアのバリ島などには少数民族観光（エスニックツアー）があります。こちらの方は簡単ではありませんが，やはり歴史なり文化なりにつながっているわけです。

　さらにまた，アフリカのツーリズムでは自然や動物の鑑賞のほか，原住民の生活を売り物にしているところがあります。いろいろと難しい面が見られますが，それだって単に経済的な問題だけでなく，それ以外のさまざまな事柄がかかわっているものと考えられます。

　ここで，とりわけ加藤周一の世界が注目されます。雑種文化論からはじまり，近代「日本文学史」の研究で全面開花しました。要するに，加藤の全仕事も留学とか外国での講義とかと大いにかかわっているということです。そこから「知の巨人」といわれるまでに日本文化をグローバルな視点から位置づけたわけである。まさに真の国際交流といえるでしょう。晩年は9条の会へ参加し，平和を訴えました。彼の仕事のエッセンスは現代世界にたいする鋭い観察ですが，これが柳田や宮本の旅学におとらない重要な意味をもっていると考えられます。それは歴史上の人物にたいする深い愛情とそこから引きだされる分析力なのです。これはけっして見のがせません。

2. 観光とは？

(1) 観光学の体系について

　鈴木忠義による観光の体系化の試みがあります（「観光の学と術の体系」[3]）。
　1. 観光原論　2. 観光理論　3. 観光開発　4. 観光開発各論　5. 観光対象・活動　6. 観光手段施設　7. 観光政策　8. 観光経済　9. 観光経営の9項目＝柱です。
　そのうちの「1. 観光原論」はさらに，以下の10分類にわかれます。
　① 観光とは何か　② 観光学方法論　③ 観光主体論　④ 観光発生論　⑤ 観光行動論　⑥ 観光効果・評価論　⑦ 観光資源・容量論　⑧ 観光空間論　⑨ 観光変動論　⑩ 発展段階論です。観光学原論は簡単ではありませんが，非常に興味深い学問なのです。そこからさらに応用分野として，観光産業論や観光政策論が出てきます。
　なかでも観光経済学は重要です。とくに上の項目でいえば，⑤，⑥，⑦，⑨および⑩と関連していると考えられます。
　また，しばしば観光の（金額的）経済効果が引合いに出されます。観光の費用は，① 観光消費（支出）と② 観光収入です。ほかに交通費，宿泊費・みやげ物代その他もあります（観光産業のGDPについては，冒頭で触れました）。しかし，観光の効果は量的なものにとどまりません。非金銭的（質的）効果がより重要です。そこで，社会学的な観光論についても見てみることにしましょう。

(2) 観光のまなざしについて

　まず，「観光のまなざし」（J・アーリー）が必要です。写真や建築

2. 観光とは？

図表 2-2　旅行サイト Travelbird による世界のおもてなしが最高な都市ランキング

①シンガポール（シンガポール）	⑥リスボン（ポルトガル）	⑪ハンブルク（ドイツ）
②ストックホルム（スウェーデン）	⑦東京（日本）	⑫コペンハーゲン（デンマーク）
③ヘルシンキ（フィンランド）	⑧オスロ（ノルウェー）	⑬ダブリン（アイルランド）
④サンフランシスコ（米国）	⑨チューリッヒ（スイス）	⑭トロント（カナダ）
⑤ロッテルダム（オランダ）	⑩オーランド（米国）	⑮ニース（フランス）

出所：「海外から見た，世界の「おもてなしが最高な都市」ランキング　日本は何位？」2018/04/09：https://www.cosmopolitan.com/jp/（2018年4月20日閲覧）。

物，身体パフォーマンスほかで説明されました。なんと観光は奥が深いのでしょう。こういう視点は社会学からでないと出てこないように思われます。それは，けっして単なる経済分析などではないのです。

　T・クック社（イギリス）の大衆旅行企画が旅行業のはしりであり，ウォルト・ディズニーによるハリウッド映画（アニメ部門）＋テーマパーク戦略が浮かびあがってきます。また，カラオケ・ブーム，観光立国宣言，「アナと女王」人気（日本）も背景にあるでしょう。映画などのロケ地ブームもありました。

　ここで，おもてなし（ホスピリティ）が重要になります。東京オリンピックの誘致プレゼンテーションでもおなじみでした。

　シンガポールが1位になりましたが，ヨーロッパの都市が上位15市のなかで合計10市も選ばれています。日本は東京が7位にランクされています。カナダでは，世界で一番住みよい都市にもなったことのあるヴァンクーヴァーではなく，トロントがランキング入りしています。

(3) ホスピタリティについて

近年，国内外でホスピタリティへの関心が高まっています。『大辞泉』によると，①心のこもったもてなし。手厚いもてなし。歓待。また，歓待の精神。②異人歓待ということになります。hospitality。英語の類語には親切や深切を表す kindness, goodness, favor, mercy, humanity, grace, benefit, courtesy があるそうです[4]。

ホスピタリティは hospital（病院，慈善施設）の派生語。源流は後期ラテン語ホスピタリア（主人が客を接待する場所，つまり来客用の大きな家）に由来しています。また，消費者は提供されるサービス商品を，個々の要素の集合体としてではなく，まとまりのある全体像で評価します。したがって，企業はすみずみまで配慮の行き届いたもてなしで顧客に応対する必要があるといわれます。まさに，顧客満足度とかかわるものです。

さて，2015年の訪日観光客の規模は，史上最高の1,973万人に達しました。その8割以上は東アジア客であり，特に中国本土からの観光客は人数も旅行消費額も国別第1位となっています。ただし，三大都市圏や北海道など一部地域のインバウンド観光産業は好調を続けていますが，九州では，東アジアに近いにもかかわらず，15年に訪日外国人客全体に占める訪九（九州）客の割合はまだ1割未満で，訪日中国人客全体に占める訪九客の割合は4％未満と低迷しています（戴二彪 2016）[5]。

九州では，2010年9月に，九州各県や経済界でつくる「九州観光推進機構」が「九州アジア観光アイランド総合特区」構想を打ち出し，2013年にこの「特区」が国に認定されました。特区制度は日本政府が経済成長戦略として力を入れている制度革新で，九州がアジア観光特区として認定されることによって，規制緩和や九州とアジアの連携が進み，アジアの成長活力をより緊密な形で九州に取り入れるこ

とが期待できます。

しかし，三大都市圏や北海道など一部の地域のインバウンド観光産業は史上未曾有の興隆を続けていますが，九州地域の現状はまだ楽観できるものではありません。九州の多くの地方自治体では，アジア客をはじめ，外国人観光客が増えつつあるとはいえ，期待された伸びとその経済効果はまだ十分に現れていません。次に，観光と文学について考えてみたいと思います。実はそこに深い関係があるからです。

3. 観光と文学

まず，世界文学史について語るばあい必ずといっても出てくるものにサマセット・モームの『世界の十大小説』というのがあります。彼はH・フィールディング『トム・ジョーンズ』，J・オースティン『高慢と偏見』，スタンダール『赤と黒』，バルザック『ゴリオ爺さん』，ディケインズ『ディヴィッド・コパフィールド』，フロベール『ボヴァリー夫人』，メルヴィル『モビィ・ディック』，ブロンテ『嵐が丘』，ドストエスキー『カラマーゾフの兄弟』，トルストイ『戦争と平和』の10作品について語るまえに必ず作家の生い立ちにふれました。作家の生い立ち，時代背景が作品にどう反映されているかという切り口です。

それはともかく，世界文学としては『罪と罰』または『アンナ・カレーニナ』もよく挙げられています。『ファウスト』（ゲーテ）や『ドン・キホーテ』（セルバンテス）も世界文学の上位にあるでしょう。ダンテやシェイクスピアもランクに入ってくるものと思われます[6]。なぜそのように世界文学の最高峰があるのでしょうか。やはり時代をこえて読みつづけられる何かがあるものと考えざるをえません。

第1章 まず旅（観光学）から始めてみよう！

　さて，加藤周一が『日本文学史序説』で言いきったように，「文学」というものを拡張して思想や政治まで含むべきです。そうしてこそ見えてくるものがありますし，文学にとどまらず他の分野にも影響が出てくると考えられるからです。本書では何よりもこうした視点にたち，20世紀の知の巨人と言われる加藤の思考を私なりに敷衍して世界にまで拡張して考えてみたいと思います（加藤のばあい旅と観光という点で柳田や宮本ほど世間に知られているわけではないですが，私としては相当意識があったと言いたい）。そうしますと，どういうことが見えてくるのでしょうか。多国籍企業論に人間や地域社会や伝統文化の要素をとり入れ，いわば経済学をポリティカル・エコノミー（政治経済学）として復活させることができるのではないかということです。一言でいえば，現代世界の全体的把握が必要であるということになります。

　また，近年では世界文学というよりもポストコロニアリズムとかクレオール文学，はたまた辺境文学とか移民文学といった言い方がされるようです。最近では，とくに韓国や中国の東アジアの文学も注目されていますね。さらに，2017年に長崎生れのカズオ・イシグロがノーベル文学賞をとったように，日系作家や海外在住の日本人作家なども外国で注目されていますね。それだけアジアが世界経済で存在感をしめすと同時に，アジア人作家の海外での活躍も目立ってきたわけです。

　ともかく，シンクレア＆スタンプラーの『観光の経済学』では観光需要，企業と市場，それらのグローバルな相互関係および観光活動への環境の基本的な貢献という複雑性に新たな洞察を与え，観光と経済学が彩なす分野の理解しやすい学際的な分析が提供されています。また，J・マック『観光経済学入門』は観光経済を詳述し，また実証的にも分析しています。

　本章では，これからグローバル化とローカル化のせめぎ合いについ

3. 観光と文学

て持論を述べるにあたって，旅（観光）学からひも解きはじめてみました。なぜならば，グローバル化やローカル化を世界経済論や多国籍企業論として語るとき，従来の経済学では捉えきれない重要な課題が観光学に含まれていると考えるからです。その心は，旅こそ人間の営みに深くかかわっているということにあります。もちろん旅行や観光は地域社会や伝統文化ともかかわっています。その意味で，経済学もむしろ観光学から捉えかえされる必要があるといえます。そうしてこそこれまで達しえなかった地点にまで行きつけるのではないか，またなかなか見えていなかったものが浮かびあがることが多々あるのではないかと思われるわけです。

まず，ロマン主義，旅人とツーリスト，M・ビュトール，そして観光文学。「ロマン主義的『個人』が内なる『ツーリスト』という矛盾を自覚し，露呈させ，笑いとして共有する時，それは文化のネットワークそのものを擬態するかのごとく，引用を始めると端折ることが困難な文章を生み出す」(40頁)（石橋 2015）[7]と言われます。また，文学研究は文化観光研究所での観光教育の方法の一つです。文学研究の文学理論はそのなかでも重要です。「文化観光研究学部は 2006 年以来『異文化文学』という主題を指示した。私は主題の中で観光文学研究を教えている。文学研究の一部は観光教育，たとえばロシア・フォルマリズム[8]や言語行為や歓待理論・構造主義やポスト構造主義などで良い教育をしている。それらは主題の実践を通じて文学や『観光学習』を学ぶ学生にとって有益であると感じている」（舛谷 2014）[9]と観光教育が実践的に語られています。以下で，さまざまある論説のなかから少し紹介してみます。

> 「多層的な《世界文学全集》を出している国は少なくない」。しかし，人類の全時代，全地域にわたって通観した綜合的研究としての《世界文学史》を試みた国はまれである。東洋ではまだ《世界文

学通史》は生まれていない。西洋では，ヨーロッパの視点からみる世界文学史が幾種類か書かれている。編集の一般的傾向として西洋中心主義が指摘されている。「世界文学史を東西各民族文化の綜合体として見るのではなく，ある特定の地域の《大文学》と恒久的価値を有する作品が評価の主な対象となり，それ以外の文学は，世界の中心から遠く離れた周辺領域の文学として取り扱われる」[10]。「方法論として世界文学の統一性が強調され，いわゆる『小文学』に対して真剣な注意を払っている」。世界文学史とは，〈古代から今日に至って創作された「全て」の文学の総体である。その際，総体というのは単純で機械的な総計ではなく，世界文学を構成する部分の相関性と力関係，そして絶え間ない変化過程において認識することである〉[11]。日本ほど西側の文学を翻訳し受容した国はまれだと言われている[12]（キム 2009）[13][14]。

さて，莫言(モーイェン)は中国在住の初めてのノーベル文学賞受賞作家です。マジックリアリズムの旗手です。マーガレット・アトウッドはカナダの国民的な作家――詩人・小説家・評論――で，サバイバルがテーマです。マリオ・バルガス＝リョサはペルー出身の作家で，新しいラテンアメリカ文学の旗手です。ノーベル文学賞も受賞しています（エイミ・タンはアメリカの女性作家・歌手で，中国系移民文学で有名です）。

世界文学史を垣間みると，およそ以下のことがわかります。まず，作品に直接反映するわけではありませんが，やはり規定では国際情勢が多く影響しています。つぎに，近年ますます女性作家の活躍が目だつこと。これも社会的な環境に左右されているといえましょう（ノーベル文学賞にその傾向がうかがえると思われるのですが，穿ちすぎでしょうか）。さらに，さまざまな国の作家が国際的に文筆活動をしていることも理解されるように思われます。しかも各々の作品はいずれ

も現代的な課題を取り扱っています。これは，文学に限らないと考えられますが，もはや社会との関わりなしに文学も成立しがたいといってよいでしょう。作品のなかに観光産業や科学問題すら取りいれ，思想・哲学的に現代世界の諸問題に挑んでいるものもあります。そうすれば，今の世界文学は現在の社会状況をはなれて存在しないといえるでしょう。

> 経済―産業―観光―文学

さらに，〈表象〉という訳語，象徴主義と新浪漫主義，〈情調〉，伝統詩学が問題にされます[15]。やはり日本文学にとって漢詩の影響が大きいということでしょうか。

さて，1920年代まで存在さえ疑われたカナダ文学が世界文学の仲間入りを果たしたのは，なんと20世紀末のことです。「キースが信念を貫きながら，時代思潮に対する言い訳めいたコメントを余儀なくされたように，同様のジレンマを抱えざるを得ない日本の文学評論家の一例を挙げることができる」（長尾 2013）[16]。カナダの歴史と風土を色濃く反映した「カナダ性」こそが，異国の文化にたいする好奇心を刺激したに違いありませんでした。伝統的な「正典」を見直し，過去の作品もポストコロニアニズムやフェミニズムの視点から考察するのが時流にかなうアプローチとされていますが，20世紀なかばでは主流であったテーマ批評的な「読み」が，外国文学を楽しみ，当時の世相を理解するための基本的アプローチだということに変わりありません。

さらにまた，『カンタベリー物語』『イタリア紀行』『ベニスに死す』『土佐日記』『奥の細道』『武蔵野』『伊豆の踊子』『点と線』など「20世紀の交通革命によって観光の大衆化が実現し，「『見られる』人々が『見る』側に立った」。異文化体験「の価値は一切見る者の教養と心構えにかかっている」（山田 2012）[17]。観光業の発達で文学も

変わったのです。観光と文化，観光教育を考えるとき，異文化交流つまり国際交流の問題が浮かびあがってきます。それを異文化文学の歴史として分析した論文があります（Pettersson 2008）[18]。

> 「文学史の著述は，非常にしばしば国内あるいは文化の国境で立ち止まった」。それはフランス文学の歴史か西洋かアラブか中国の文学史でした。そのような境界をまたぐことはたしかに可能でときどき重要です。「異文化文学史」とは国民ないし時間の制限をもつ文学史のことです[19]。これは膨大な分野であり，非常に多くの調査研究を見こんでいます[20]。

いま異文化の文学史の重要性が高まっています。これは，まだまだ普及しているとまではいえませんが，注目すべきことであると考えます。本書の問題意識と大いに関係しています。また，グローバル化との関係ではこう言われています[21]。

グローバル化の時代，「比較文学史」が真に求められています。また，いま石牟礼道子も注目されます。彼女の『苦海浄土』はしばしば水俣病とその裁判の記録と見なされています。小説の価値はしかし，この特徴づけを遥かに超えています[22]。池澤夏樹によれば，世界文学は，読者が世界と人類の基本的な特色を理解するのに役立つものです。こうした理由で，池澤は石牟礼の仕事を自分の世界文学全集の中の日本文学からの唯一の小説と結論していました[23][24]。

また，ドイツ語で書かれた文学であるオーストリア文学を，広義のドイツ文学の一部として読むのではなく，「世界文学」の一つとして読むことによって，どのような読みの豊かさが開けてくるのかが考えられます[25]。

> いかに私たちがますますグローバル化された21世紀という文脈

のなかで「東アジアの文化的領域」に気づいたかもしれないとはいえ，もはや地理的な術語でそのような概念を定義できないということを論じている，国際シンポジウム《村上春樹と東アジアの文学空間：国境をまたぐ文学，危機の中の可能性》をめぐって組織された中核の概念を検討することからはじめる。「UCLA でハルキ・ムラカミ小説のセミナーで教えた筆者の経験を利用して」，「翻訳を含む『テキスト』でなく，現実の本の特別版の潜在的にグローバルな流通とそれらから生じる言説の製品と文化の領域をみなす最善をわれわれは尽くしただろうことが提案しつづけられている」。最後に，「『世界文学』ないし『世界の文学空間』が，地方から地域とそれを越えてまでにわたるあらゆる数の小さく，二重の，着実に転換している文学空間からなるものとして提出されている」(エメリック 2014)[26]

というものもあります[27]。

[注]

1 国際観光（デスティネーションにおける収入および旅客輸送を含む）は，世界のサービス輸出の 30% を占める。これは財・サービスの全輸出の 7% を占めている。
2 「UNWTO2030 長期予測（Tourism Toward 2030）」によると，世界全体の国際観光客到着数（宿泊をともなう訪問客）は 2010 年から 30 年の間に年 3.3% 増加し，18 億人に達することを予測している。／2010 年から 30 年の間，新興国・地域におけるデスティネーションの到着数（年 4.4% 増）は，先進国・地域におけるデスティネーションの到着数（年 2.2% 増）の 2 倍の速さで増加するとも。／新興国・地域のシェアは，1980 年の 30% から 2016 年には 45% に拡大，30 年には 57% まで伸び，国際観光客到着数は 10 億人を超えると予測している。
3 鈴木忠義「『観光学』を求めて」『観光研究』Vol. 1, No. 1/2, 1987 年（溝尾良隆『改訂新版　観光学：基本と実践』古今書院，2015 年）。
4 州立セントラルフロリダ大学にローゼン・ホスピタリティ経営学部とビジネス・スクール（経営大学院）があります。イギリスのサリー大学には国際ホスピタリティ，国際ホスピタリティ＆観光経営（，観光経営プログラム）があり，サンダーランド大学には観光ホスピタリティ・イベント学部があるそうです。また，スイスのエコール・ホテリール（ローザンヌ）に国際ホスピタリティ経営学部（理学士）

第 1 章　まず旅（観光学）から始めてみよう！

とエグゼクティブ MBA があるらしいです。オーストラリアのジェームズ・クック大学にも経営学部にホスピタリティ・観光経営学科があります。日本にも，明海大学にホスピタリティ・ツーリズム学部，大阪学院大学経営学部にホスピタリティ経営学科が，駿河台大学現代文化学部現代文化学科に観光ホスピタリティコースが，亜細亜大学経営学部にホスピタリティ・マネジメント学科が，西武文理大学サービス経営学部サービス経営学科にホスピタリティ・ツーリズムコースが，一橋大学商学研究科経営修士コースにホスピタリティ・マネジメントプログラムがあります。

5　「訪日観光客の訪問先選択行動と九州の観光推進戦略への示唆」『東アジアへの視点』2016 年 6 月号第 27 巻第 1 号 (https://shiten.agi.or.jp/2016/shiten201606_01_20.pdf)。

6　今では辺境文学とかクレオール文学や移民文学とかも注目されている。また，作品の世界同時発売というものある。

7　「ミシェル・ビュトールと観光文学の可能性」『立教大観光学部紀要』第 17 号，3 月 (https://rikkyo.repo.nii.ac.jp/.../AA11362100_17_04.pdf)。

8　大江健三郎『新しい文学のために』岩波新書，1988 年参照。

9　「観光教育と文学研究」『立教大観光学部紀要』第 16 号，3 月 (AA11362100_16_14.pdf；太字は引用者による，以下同様)。

10　そのような世界文学史概念を否定して生まれたのが，ロシア科学アカデミー世界文学研究所刊行の『全世界文学史』である。全 8 巻のこの叢書は 1983 年から 94 年に出版されており，準備段階を含めて，ほぼ 20 年をかけた作業，まさに長いタイムスパンに耐えた研究活動だった。

11　完璧な《世界文学史》はありえないかもしれない。既存の《世界文学史》が果たした役割を過小評価することは正しくない。「その貴重な体験を踏まえて東洋の視点から試みる新しい《世界文学史》の構築を夢見る時が到来した」。日本は東西文化の集約地として広く知られている。

12　比較文化の研究が進んでおり，「《世界文学史》構築の大事業は，日本文化研究の中心であり」，国際日本文化研究センターの「研究の対象ではなかろうか」。この仕事は，当然，東洋の専門学者たちの国際的協力と学際的な研究を要する大規模の文化事業である。「これは時の要求であり，21 世紀の東アジアにふさわしい偉業ではなかろうか」。

13　「東洋の視点から試みる《世界文学史》構築の可能性」白幡洋三郎／劉建輝編，国際日本文化研究センター，国際研究集会報告書・第 32 集，2009 年 3 月 3 日 (http://doi.org/10.15055/00002538/)。

14　また，はじめて小説の扉を開く人のための格好の入門書と謳われた渡辺京二の『私の世界文学案内』（ちくま学芸文庫，2012 年）ではマルグリット・デュラス『ラホールの副領事』，アルベルト・モラヴィア『軽蔑』，アイリス・マードック『切られた首』，ギマランエス・ローザ『大いなる奥地』，ホセ・ドノソ『夜のみだらな鳥』，アレホ・カルペンティエール『失われた足跡』，アラン・シリトー『屑屋の娘』，ソー

ル・ベロウ『犠牲者』，フィリップ・ロス『狂信者のイーライ』，トマス・ウルフ『天使よ故郷を見よ』などが若い世代（自分の娘）への手紙の形で解説されている。世界文学は著者にとって青春時代の自分との対話の場であり，同時に若い世代に是非とも伝えたいものなのである。
15 「20世紀初期の近代中国文学における象徴主義言説が，訳語の選択，文学発展上の位置づけ，美的修辞側面の理解，伝統的詩学との融合の過程の中で日本の象徴主義言説といかなる関わり及び相違点を持っていたのか」。西洋発祥の象徴主義の受容で，中国の文脈での「象徴主義言説の創作の過程で日本の象徴主義言説は借用，参照の対象であり，また伝統的詩学との融合という点では相違も見られた。20世紀初期に徐々に正統性を獲得していた象徴主義言説は，中国の新詩の発生と展開に大きく貢献しながら，40年代からは表舞台から退けるが，しかし，近代文学と現代文学の底に潜みつつ，脈々と受け継がれた」（金雪梅「20世紀初期中国の象徴主義言説と日本」Compatio（九州大学比較文化研究会）21，2017年2月（https://www.lib.kyushu-u.ac.jp/compatio/））とも指摘された。
16 「カナダ文学をめぐるカナダ事情」大阪樟蔭女子大紀要，第3巻，2013年（https://osaka-shoin.repo.nii.ac.jp/.../contents110009535959.pdf）。
17 「観光と文学」岐阜市立女子短大研究紀要，第61輯，平成24年3月（www.gifu-cwc.ac.jp/Kanko_Yamada.pdf）。
18 "Transcultural Literary History: Beyond Constricting Notions of World," *New Literary History*, 39-3 (Summer, 2008)：http://www.jstor.org/stable/20533097：2018年5月18日<202.237.3.90>からダウンロード。
19 ここで「異文化」は「超越する（重大な）文化の分割」として理解されるべきである。
20 「私がこの論文で強調し定義したいことは，まず，まさに分野の開放性である。自分の見解では，多くの異なる焦点，研究の議題，および方法が文学史の異文化研究で正当化される」。啓発的な方法で重要な質問をし，これらを追究する領域での研究を期待するべきである。しかし，それは別にして，「異文化文学研究は『ねばならない』か『でありえない』ものというすべての一般的な宣言に注意深くあるべきである」。ある人自身の研究の関心は，どの文学史の質問を人は重大と見いだすかを大いに決定するでしょう。「私は，異文化文学史のどの側面が自身で占有されてきたのかとなぜかを説明することから始め，その後で，多数のほかの型のまったく違う途を追いかける異文化的な文学研究を指摘する。これは私の論文の積極的な部分，すなわち異文化文学史の幅と関心の確認である」。「私が異文化文学史と呼ぶものは，世界文学や世界文学研究の言葉でしばしば言及されてきた。しかし，世界文学の研究ないし範囲や方法で，私が上で示してきたよりも狭い何かとして，私が異文化文学史の研究と呼ぶものを描くための，過去10年間にむしろ強調されてきた傾向がある」（pp. 463-64）。
21 述語が平和的な経済上，文化上の変化あるいは『知られた世界』との軍事的な関

第1章 まず旅(観光学)から始めてみよう!

わりを意味するなら、グローバル化は世界でもっとも古い叙事詩と歴史物語と同じくらい古い現象を描く。しかし、「真実の」グローバル化の現状は、用語が現在、地球をめぐって即席にコミュニケーションができることと同様に、全世界とその生存ないし消滅を含んでいるという点で量的にも質的にも違っている。これらの変化した世界的な人間文化の状態のもとで、現在まで文学史、その伝統、理論、そして実践と呼ばれてきたものを再評価するのが、歴史家ないし批評家としての文学者の仕事である――グローバルな文化を超えた市場での文学の商品化が、解釈上もつ衝撃を探究するだけなら。そのうえ、諸問題は、十分に扱われるのはいうまでもなく、ここで概観されるよりも複雑で多様だ。したがって、それらが人文科学に関係する時ほんのわずかの要素と理論上の問題は、一般に比較史を書く仕事のために十分に重要であると考えられる。「そのような仕事はリスクが、圧倒的な数の出版物、文学上役に立つ参入をする時論的な百科事典や叢書から判断してさえ、グローバル化は一般に、ある取り巻く経済現象であると見なされており、しかも非常に少数のグローバル化経済学者はそれを富の生産についての彼らの研究の目的のひとつにする以上の文学のような文化問題に関心をもっているという事実を与えられることなしではすまない」。しかしティモシー・ブルックの本の熱心に実験的な『バーミヤーの帽子』、彼の中国の見方からの17世紀の中国と欧州の経済的な依存に関する学際的で間文化的な比較史にとって、経済史家は全般的に定量化できない意味の生産に興味がないのである。文脈の社会心理学の純要素がラベルを剥がされるときにだけ、戦後のドイツ文学の受入れのような多くのパズルのような要素の理解が可能だ。「実践的な面で、ディクソンは、文学文化の真の比較に関わるために、比較文学の開始以来『第二言語を持つこと』、不可欠な conditio が必要になるかも知れないと認めている」(Walter F. Veit, "Globalization and Literary History, or Rethinking Comparative Literary History: Globally," *New Literary History*, 39-3e (Summer, 2008), Johns Hopkins UP (http://www.jstor.org/stable/20533095))。

22 「渡辺京二が正しく指摘したように、石牟礼の小説を一片の世界文学(universal literature)と呼ぶのが全く適当である」。

23 「しかし、日本では、彼女の小説は、彼女の著述スタイルは現代の知的な日本文学の正統性の外にあるから『単なるルポルタージュ』と批判されてきた。にもかかわらず、現代日本で『原始的な人々』の内部世界の現実性を代表しようとする彼女の努力は彼女の仕事がジェームズ・ジョイスやガブリエル・ガルシア=マルケスや特にヴァージニア・ウルフの偉大さに近づくのを許している」(榎本眞理子「世界文学としての『苦海浄土』」恵泉女学園大紀要、第26号、2014年2月 : https://keisen.repo.nii.ac.jp/...AA12120901.pdf)。

24 2015年3月19日、東京外大で世界文学語圏横断ネットワーク、シンポジウム〈世界文学としての日本文学〉が開かれました。そこでの発言は、「世界の文学へ。なんという困難な道」、「『文学』の形成」、「漱石の『文学』」、「個人主義、家族主義、国家主義、世界主義」、「十年後を見よ」、「国民的と世界的」、「国民的

[注]

文学と世界的文学」,「戦時下国民文学」,「『亜細亜』の導入」,「東亜協同体論」,「記憶喪失」,「『人間』の到来」となっています（佐藤泉「『世界文学』の日本的文脈」青山学院大文学部『紀要』第58号：https://www.agulin.aoyama.ac.jp/opac/repository/1000/19727/19727.pdf）。

25 「『世界文学』とは、『国民文学』すなわち『国家＝民族＝言語＝文化』などが等式で結ばれることが自明視される文学の反対語である」。また、今日の社会では「この暴力的な等式が成り立たないことを暴露する文学でもある」。このような世界文学としての**オーストリア文学**の読み方の提案は、「教養 Bildung」という概念と照らし合わせるとき、教養教育の目的を明確化することにも資するものである。また「この『**均質性への抵抗**』が、」「言語、文化、民族の差異だけではなく、性的タブーへの侵犯としても実践されていることを、女性によって女性のために書かれたポルノグラフィである」「E・イェリネクの小説を例に論証する下準備をおこなっている」（國重裕、龍谷紀要、第36巻第2号、2015年。強調は筆者、以下同様）。

26 「村上春樹、東アジア、世界文学」WASEDA RILAS JOURNAL, No. 2, 2014.10（https://www.waseda.jp/rilas/research/.../Rilas_2_Emmeriche.pdf）。

27 ナチズムをふくめ、ファシズムは、国民を総動員して侵略戦争を遂行する体制、逆にいえばすべてを戦争に依存する体制を志向します。「そのような体制を支える権威主義的国民を学校教育は量産する」。情報は統制され、マスコミをつうじて国民の世界観が支配されます。G・グラスも、そんな社会で育ち、志願して従軍します。「その意味で、戦争こそが、戦争依存社会こそが、グラスの原体験だ。敗戦を経て、敗戦直後の惨状を生き抜き、急速な復興を目の当たりにし、やがて作家となった彼は、一貫して批判的にその原点と対峙してきた」（杵渕博樹「〈ドイツの罪〉と戦後」世界文学（124）、2016年12月：https://www.opac.lib.miyazaki-u.ac.jp/webpac/TC10146905）。なお、上の論文の項目別構成は、「作家グラス誕生まで」「ダンツィヒ三部作と〈ドイツの罪〉」「政治の季節」「反史を語る」「滅びかけた人類の一員として」「再統一を越えて」「幕を引く」「共犯者性の自覚と〈反戦〉」となっています。

第1章　まず旅（観光学）から始めてみよう！

補論　グローバル経済下の世界文学史の意義と課題

　ひと先ずここで，現代の世界文学史を叙述するための準備的な作業の一つとして，以下の方法論的なもの，「新しい文学史」他3つの論文を紹介しておきます。

> ①　世界文学に向けて
> 　グローバルな文学の歴史を書く際に必然的にともなう挑戦は，定義，企画および目的という問題をふくむ，3つの要素である。質問の分野は，いやしくも意味のある歴史が気づかれるような仕方で定義されうるのか。もしそうなら，有効な組織や管理できる仕事の計画はグローバルな範囲の企画にきっちりとした形を与えるように考案されえたのか。最後に，そしてもっとも難しいことであるが，「世界文学の歴史はだれでも実際に読みたかっただろうと書かれえたのか」。
> 　定義　「われわれの時代は，世界文学の歴史にとってもっとも容易な時代かもっとも困難な時代のどちらかである」。最近まで，文学史の慣行が，まさにグローバルな文学の歴史という着想は説得的でなく興味のないものにすら見えた国民の価値規範によって非常に重く支配されていた[1]。数少ない評者は，著しく小説のような実体はセルバンテスやラファイエット夫人のような影響力のある人物によって他で書かれてきたが，英国小説がそれ自身フランスやスペインの発展と独立に十分研究されえはっきりとした国の歴史をもっていることは一般に認められていた[2]。たとえ，おそらく「散文小説」の注釈のもとで，小説，古代の作り話，物語の違いを巧妙にな

補論　グローバル経済下の世界文学史の意義と課題

す方法を見いだしたとしても，そのような無関係な時代や場所は共通の歴史ないし少なくとも「〜の勃興」のような文句で意味される直線の，目的論の様式でなんらかの歴史に似ている何かを生めなかったということを想像するのは困難だっただろう[3]。また，キップリング[4]やラシュディ[5]と同様にアプレイウス[6]や紫式部やボルテールを含むべきなのか[7]。

　企画　そのような歴史は何に似ているべきか，またそれはどのように書かれるべきなのか。

「可能性は，世界文学それ自身とほとんど同じくらいさまざまで偏執狂からウィキペディアまで横滑りしている目盛りの上のどこかに位置づけられえた」。一端で，H・G・ウェルズの『歴史概論』という簡略な形かA・トインビーの12巻の『歴史研究』というもっと拡大的な様式かで，ある博学者はこの歴史を書くことを引き受けえた[8]。「自然に，彼が調査しているさまざまな文化の専門家の仕事におおいに頼っていたが，いっそう専門化された作品を総合する学問に悪いものはない。この手続のある版はF・モレッティの『遠い読書』」のなかで最近復活させられてきた。「『文学史は』」とモレッティは言う。「《中古》，すなわち単一な直接のテキストの読物なしに，ほかの人びとの調査研究の一片になるだろう。依然として大望のある，実際に以前よりもなおいっそうそうである（世界文学！）が，大望は現在テキストからの距離に直接比例している」。このような二重の企ての良いモデルが，世界でもっとも古い文学の学者によって適切に展開され，すでに存在している。過去10年間，オックスフォードに本拠をもつ国際チームが『シュメール文学の電子テキスト全集』，あるいは，その小さいが捧げられた世界大のフォロアーに知られる時にETCSLを集めた[9]。同時に，データベースからの最も重要なテキストが，仲間が印刷した巻『古代シュメールの文学』[10]で利用できる[11]。ウェブサイトの方はそれから読

者にとにかくより大きな深さに入っていく機会を提供しただろう。「印刷物はおそらく1ダースの専門家チーム」「によって書かれえたし、また彼らはその後ウェブ・ベースの拡大された歴史のための提案や投稿を検討すべき編集委員会として役立ちえたのである。サイトはさまざまなレベルを持ちえた。前者は印刷物に対応しており、読者が地域や国やジャンルやさまざまなテーマ別に先に進めるようにする他のレベルにまで広がっている」。プロジェクトは「その望まれた寄稿者を拡大しえたが、印刷物はプロジェクトに土台をおき全般的な一貫性を与えるのに役立っただろう」。

　目的　実際、なにが世界文学の歴史を書くポイントだったろうか[12]。読者に知らせるのではなく彼らに新しい質問をし、新しい方法で働くように挑む、世界の文学生産が動態上新しい購入を読者に与えるときに企画が現実の価値をもたないならば、世界文学の完全な規模の歴史を書くという骨の折れるプロジェクトを企てる際になんら意味はなかっただろう。「なにが世界文学史の人を動かさずにはおかない物語の基礎だったかもしれないのか」。「世界文学のグローバルな歴史はわれわれが、世界の文学生産というより大きな枠のうちでみずから特別の関心をおけるようにするだろう」。重要な研究対象であることをやめるどころか、国内でまた国境をまたいで仕事をする個々の作家がするだろうように、国民文学は新しい方法でみられるだろう。世界文学の研究はこうして、文学理論が過去数十年にわたり批評のうえにもたらした有益な影響をひ引きのばすことができる。「書く価値のある世界文学史は、より広い世界でわれわれの仕事を位置づけるのに有益な地図を与えてくれるだろう」(Damrosch 2008)[13]。

　まさにインターネット時代の文学を捉えながら、古代文学も視野に入れて文学の歴史を通観しているといえるでしょう。そのうえで世界

文学史を展望しているわけです。文学は国民文学として始まり，いま世界文学としてあります。だから，文学史は世界文学史でなければならないのです。

② 新しい文学史に向けて

過去 20 年間，米国ではアラビア文学研究での劇的な転形が証言されていた[14]。院生は——現代文学にまったく焦点を合わせたいと思っている学生ですら——イスラム以前の時代に始まるアラビア文学の伝統の全期間での適性に訓練されており，二番目の研究言語はまだ古典の学問の文献学上の伝統に根づいていた。標準的な要件はドイツ語で，スペイン語がアンダルシアに関心のある者たちのずっと後の二番目だったが，たとえば，仏語ないしイタリア語ないし露語は稀だった。ほかの中東の言語は主に，研究の言語というよりも初等教科書の言語と考えられていた[15]。もちろん，「理論」の一枝——ポストコロニアル研究——が，明らかな理由のために，大陸の哲学のより折衷主義の側枝よりもいっそう速く地域研究のなかに道を造っていた[16]。それは，アラビア文学がポスト構造主義との広い親善回復まで漕ぎつけた，すなわち 1990 年代に分野を変形しはじめた少数の主要な思想家を挙げると，フーコー，デリダ，リクール[17]，ジェームソン[18]，およびホワイトによる 1980 年代のポストコロニアル理論をつうじてだった[19]。21 世紀のための新しい批判的な文学史への従われた転回がこのプロジェクトの不可欠な部分である (Selim 2011)[20]。

新しい文学史とは 21 世紀のための文学史ということでした。それはまた，伝統と関わりながら政治的，社会的な言葉を含めたものということになります。つまり，ポストコロニアルであり，批判的なものが必要だということです。

③ 世界文学の新たなパラダイムを求めて[21]

　T・マンは「市民的教養概念」として，さらに国家社会主義の偏狭な国粋的文学観にたいする警告として「コスモポリタニズム」の立場からゲーテの「世界文学」概念を継承し，その積極的な意義と限界を指摘している。マンはその限界を克服する方向性のなかに，新たな「今日の世界文学」の「普遍的」意義を模索した[22]。その際，異文化理解に重要な作業として《翻訳》の積極的な課題が強調される」。なぜなら「国民文学」が「世界文学」になるためには《翻訳》は不可欠であるからである[23]。あるいはまたニーチェ，ベンヤミン，アドルノらもメディア批判として文化批判を展開した[24]。ゲーテの世界文学概念は，メディア産業化された社会のなかにあって，そもそも《文学とは何か》という問いを再考する機会として，今日的な課題をわれわれに与えている。「そこにゲーテの『世界文学』の新たなパラダイムを求める今日的意義がある」（三浦2013）[25]。

　現代世界文学史はとても語りつくせるものではありませんが，筆者は「ローカル文学」とグローバル文学との対抗関係として構想されるべきであると考えます。なぜなら，現代社会がグローバル化とローカル化のせめぎ合いという構造として捉えられるからにほかならないからです。しかも，それは地域住民をおいて他に候補はいない。そのことを教えてくれるのも人間学，あわせて民俗学や旅学なのです。

　2013年4月に開かれた東京国際文芸フェスティバルで「グローバルな人の移動が世界文学を生んだ」，「翻訳者抜きに世界文学はあり得ない」という内容の発言がなされました。また「21世紀の不条理を描く重要性」や「世界で共有される3.11の受難」も指摘されました（「世界文学を語り合う場――作家・池澤夏樹インタビュー」Nippon Communication Foundation, 2013年4月23日：https:// www.

nippon.com/ja/views/b02905/)[26]。世界文学は時代の移り変わりを何らかの意味で反映しているのです。

[注]
1 I・ワットが自分の「『英国小説の勃興』よりも何人かのイギリスの小説家の《小説の勃興》の研究と呼ぶのはまったく納得がいくもののように思われる。I. Watt, The Rise of the Novel: Studies in Defoe, Richardson, and Fielding (Univ. of California Pr., 1957).
2 「ヘリオドロスやアプレイウス、ないし北方では『ニャールのサガ』――アイスランドのサガ（北欧の古い散文文学の一様式）文学中の最高傑作。東方には『源氏物語』までさかのぼる必要はなお少ないように思われる。
3 「世界文学の完全な歴史はゲーテと同じようにポスネット」(Hutcheson M. Posnett, Comparative Literature (1886; Johnson Reprint, 1970))「に多く頼るべきなのか、あるいはウォーラーシュタインに頼るべきなのか」。
4 イギリスの小説家・詩人（1865-1936年）インド生まれ。1907年、ノーベル文学賞受賞。
5 インド生まれの英国の作家。『悪魔の詩』（1988年）
6 ローマの著述家（123頃-？）。詩人、哲学者・修辞家として活躍。『弁明』『黄金のロバ』『プラトンの学説について』『世界について』など。
7 「それは多様な過程や戦略を明らかにすべきなのであって、それを通じて作家は個人的かつ集団的に地方の文化とそれらを超えた世界との長い交渉を推し進めてきた」。
8 H. G. Wells, The Outline of History: Being a Plain History of Life and Mankind (Macmillan, 1927); A. J. Toynbee, A Study of History, 12 vols. (Oxford Univ. Pr., 1934-61).「ポスネットはすでに、サンスクリット語の叙事詩からNavajo」（アメリカ・インディアン）「の話にたいするアラビア語のカシーダ」（詩形）「まで、のすべてで集中的な読書の時代の果実である『比較文学』でそれを試みていた」。
9 「すべてシュメール文学のテキストとして知られる筆写や翻刻はそのサイトwww-etcsl、元orient.ox.ac.uk上に見出されるかも知れない、新しい楔形のタブレットや断章が発見され曖昧な章句が明らかにされると電子媒体はテキストや翻訳の定期的な更新を可能にしている」。
10 J. Black, ed., The Literature of Ancient Sumer (Oxford UP, 2004).
11 「比較できる二重のフォーマットはグローバルな文学史のために十分に機能しただろう」。印刷物は「ある程度の特定の例や事例研究とともに全般的な歴史を与えた」。
12 「ウィキペディアはすでに読者がシュメールの詩ないし紫式部を調べられるようにしており、サイトのロマン主義への参加はまだその参照の範囲で、われわれが好んだかも知れないものほど包容力のあるものでないならば、その限界は適切なブラ

第1章　まず旅（観光学）から始めてみよう！

ジル人やベンガル人を含む既存のウィキペディアの書込み」「を改訂するだけで解決されたのである」。
13　"Toward a History of World Literature," *New Literary History*, 39-3, Summer 2008, Johns Hopkins UP：http:// www.jstor.org/stable/20533098.
14　「1990年代初めに分野は依然ほとんど専ら一つの衛星国の地域研究だったし，東洋主義者の歴史的で認識論的な価値規範におおいに縛られていた」。
15　「文献学，伝統的な文学史・新批評主義は研究の方法論的な領域をなしていた」。
16　「こうした高揚の第一の根拠のひとつは歴史的な価値規範そのもの，すなわち盛衰，黄金時代およびデカダンスの時代の物語だった。ゆっくりとしかし確かに，学者は，アラビア文学の歴史が東洋主義によって建設されてきたまったく認識論的な体系を疑いはじめた」。
17　フランスの哲学者。1919-2005。解釈学・現象学・宗教哲学などの分野で業績をあげた。
18　米国の批評家。1936年生れ。デューク大教授。マルクス主義文学批評・文化批評の大法的存在。
19　「ポスト構造主義はわれわれに改訂する規範，文化の言説，および生産と受理の様式のための新しく重要な批評の道具を与えたが，われわれの，過去，現在および将来を意味ありげに語る首尾一貫した歴史の形成として気づかれるテキストや伝統との関わりの，より広い社会的・政治的な言葉を除外しがちでもあった」。
20　"Toward a New Literary History," *International Journal of Middle East Studies*, 43-04 (Nov. 2011), Cambridge UP：http://www.jstor.org/stable/41308754.
21　「ゲーテが『世界文学』に期待した意図には，時代の背景として，当時のドイツの抱えた政治的・歴史的な状況も関わっている」。初期の疾風怒濤時代から，中期の古典期の時代，『ヴィルヘルム・マイスター』における新大陸への期待，そして晩年に完成した時間と空間を超越した壮大な規模の『ファウスト』文学や『西東詩集』の世界。「ゲーテの文学的奇蹟は，政治的な保守的態度にもかかわらず，彼自身の生涯にも似て，つねに狭い垣根や固陋な慣習や道徳を否定しようとする地平の拡大を求めている」。
22　また「哲学者ガダマーは異文化との対話的理解，あるいは地平の融合としての受容美学的，解釈学的観点から，ゲーテの『世界文学』に積極的な意義を見いだしている」。
23　しかし「情報化・グローバル化する現代社会においては，「《文化の平均化》にともなう《文学の平板化》という文学の価値低下が危惧される。そうした《文学の平板化》に抗する視点としてヘルダーや和辻哲郎の《風土性》の概念は依然として有効であろう」。「エッカーマンとの対話のなかで，すでにゲーテ自身が《文学の平均化》に警告を発している」。
24　われわれは「グローバル化という地平の拡大と平均化という文化の質の低下の岐路に立たされている」。

25 「今日の視点から見たゲーテの『世界文学』概念」成蹊大文学部紀要，第 48 号，2013 年（http://hdl.handle.net/10928/333）。
26 「いわば『外部からの眼差し』にこだわった村上春樹論」。「『世界文学』だから読むのではなく，読む実践を通して世界文学にする。世界文学が単一な『グローバル文学』に堕せず，多元性と豊饒性を保ち続けるために，本書の実践が他の日本文学にも活用されることを切に願う」（孫軍「書評　柴田勝二・加藤雄二編『世界文学としての村上春樹』（東京外大出版会）」日本近代文学，第 93 集，2015 年 2 月（https://doi.org/10.19018/nihonkindaibungaku.93.0_271）も参照。

第 2 章

グローバル化は文化摩擦？

　かつて日本とアメリカの間で繊維交渉，牛肉・オレンジ交渉，鉄鋼協議というものがありました。日米自動車摩擦，ハイテク摩擦もありました。いわゆる貿易摩擦，経済摩擦のことです。本章ではこのグローバル化に向かうなかでの両国の経済摩擦は，実は文化的な摩擦でもあったということを説明したいと思います。経済摩擦でもあり，文化摩擦でもあったことの意味はどういうことなのでしょうか。たいへん興味ぶかい視角です。

1. 高度経済成長の終焉，スタグフレーション

　まず1970年代を転機として，経済の自由化あるいは規制緩和が世界的にも進みました。また日本では前川リポート[1]のあと日米構造協議をへます。そうしたなかで平成不況，つまり「失われた20年」に進みます。すなわち，景気回復は失敗に終わってしまいました。また，日本経済はバブル崩壊後，長きにわたって不良債権問題に苦しめられます。そのことも原因で景気回復が遅らされました。
　また，70年代という世界経済の曲がり角のなかで，スタグフレーションが進行します。不況下の物価上昇のことです。特に先進国経済は石油など資源制約に見舞われ，試練の時代を迎えます。ですが，日

本は減量経営，省エネなどで苦境を乗り切ります。さらにこの間，戦後の国際秩序であったIMF体制は崩壊し，パックス・アメリカーナは変容します。そのなかで日独機関車論も出てきました。

　そうしたなかでハリウッド俳優出身のドナルド・レーガンがカリフォルニア州知事からアメリカ大統領に抜擢されました（80年末の大統領選挙で共和党候補になり，選挙戦で勝利しました）。レーガン政権は規制緩和を推し進めました。ここに供給重視の経済学，マネタリズムを柱とするレーガノミクスが出てきたわけです。しかし，1970年代末からアメリカは歴史的高金利の時期を迎えます（そのことが80年代半ばのプラザ合意につながります）。イギリスでは，鉄の女といわれたマーガレット・サッチャー首相（79年選出）が民営化などを断行していました。保守党の政権で，サーチャリズムと呼ばれました（新保守主義）。サッチャー政権の規制緩和・自由化の政策は奏功した面もありましたが，80年代央にビッグバン（金融証券市場の大改革）を必要としました。なによりもロンドンを国際金融市場として再生させる狙いがありました。

2. 製鉄，自動車・電機メーカーの海外現地生産

　鉄鋼輸入規制では1984年，国際貿易委員会（ITC）が，通商法201条にもとづき大統領に勧告しました。日本はこれを拒否・個別交渉に入ります。そして85年3月，日米最終合意という流れがありました。また，中国などアジアの鉄鋼メーカーの台頭にともない新日本製鉄は国内工場を大方，整理することになります（新日鉄釜石の閉鎖など）。

　対米輸出自主規制のなか，トヨタ自動車は1984年にアメリカに現地進出しました。GMとの合弁会社NUMMI（New United Motor

Mfg Inc) です。トヨタと GM の 50：50 の合弁 NUMMI の工場ではトヨタ・システム TPS——かんばん方式——が機能し，日本的生産方式が米国で評価されました。はげしい労働争議は殊更なく，アメリカにとっては雇用の創出にもなりました。その後，日本では日本的生産・経営方式が見直されていくなか，いわばこれがアメリカに適用・適応されるわけです。

日米半導体協定（1986 年）では，日本製半導体製品のダンピング輸出防止が合意されました。これが後の 90 年代以降に日本の半導体産業の不振につながっていきます（日立，東芝・NEC ほかの凋落）。

これらのことから学ぶことは何でしょうか。国際的な再編の中での海外戦略であり，また本質的には企業文化そのものであるように思われます。わけても，人材の問題は重大でしょう。要するに，経済摩擦は人と人との摩擦なのです（ここでは日本とアメリカの経済摩擦について述べてきましたが，もちろん経済摩擦はそれに限りません。アメリカとヨーロッパの間でも，日本とヨーロッパの間でも貿易摩擦・経済摩擦はあります。また，過去にありました。それ以外の組合せでほかの国や地域でもあったし，これからもあるでしょう。しかし，それらも文化摩擦でもあることを忘れてはならないと思います）。

ことは経済学界でも深刻な理論状況です。一例として，経済理論学会での議論の一端を少し見ておくことにしましょう。

> 報告が提示した動学的一般均衡モデルと均衡解概念は，主流派経済学でも受容されうるものである。そのような共通の土俵のうえで，新古典派の視角の限定性が顕現したこととポリティカル・エコノミー的視点の導入によるより包括的な経済理論の可能性が示唆されたこととは，新古典派的理論の限界性をより鮮明にさせ，より本質的な批判理論になりうる（吉原直毅 2015）[2]。

第 2 章　グローバル化は文化摩擦？

著者は数理マルクス経済学者ですが，主流派経済学と政治経済学の厳しい対立ともいえるでしょう。

さて，先進国間で貿易摩擦が激化していたとき，新興市場での軋轢はどうだったでしょう。中国での MNC と利害関係者の対立を例にとって見てみましょう。

> 「新興市場は多国籍企業（MNC）にとって様々な利害関係者の期待を表す制度的・社会的な変化を時が経つにつれて被っている」。MNC はしばしば社会的な不正の非難を浴びており変化の間公的な危機[3]を経験していて，それらがいかに操業を支える地方の社会的な移行に適用するかについて疑問を残している[4]。

図表 2-1 は中国における MNC と利害関係者の関係，期待，そして適用戦略をまとめたものです。

単純ではありませんが，政府は外資導入策をとっているが，MNC の中国進出は現地との関係で必ずしもうまくいっていないことが読みとれるでしょう。

また，地域社会への影響は先進国ではどうだったのでしょうか。多文化主義の先進国カナダでその影響を少し垣間見てみましょう。

> 「漁業の統治への新自由主義の影響の批判的な分析により，いかに囲い込み運動，割当リースや賃貸し，および商品化は漁業共同体にとっての負の社会的な結果を早めたかが文書で証明されてきた」。対照的に一定の政策や社会関係が地域社会に基づく集団が沿岸共同社会で漁業資源や富の投錨を促すように権限を与える方法で囲い込み，割当の賃貸し，そして商品化を規制できるということを論じる埋め込みの概念が引き出されている。それは，1970 年代と 2000 年代初めの間，カナダのニューファンドランド・ラブラドー

2. 製鉄，自動車・電機メーカーの海外現地生産

図表 2-1　中国での MNC・利害関係者関係の出現

	1980－90 年代初め	90 年代初め－2000 年代初め	2000 年代初め－現在
利害関係者の関係	MNC と政府機関・国有企業間の友好関係と目標の衝突。社会問題に関する早期の立法，弱い施行。活動休止の草の根の利害関係者	攻撃的な政府による FDI の促進。社会問題に関する立法の増加，弱い実施。大市場での国内企業との直接競争。周知で攻撃的なプロジェクトに限られた草の根の NPO 活動の出現。	政府による FDI の緩い促進。社会問題，弱い施行に関する拡張的な立法。様々な地方の事業の相手先との拡張的な関係に導く現地化された価値連鎖活動。周知の攻撃的な消費者，被用者・一般大衆。MNC の不正行為に挑む攻撃的な NPO
利害関係者の期待	資本，科学技術・雇用	CSR を充足する強い圧力の増大の一方で，FDI の地方のニーズと技術移転を引き続き充足する期待	伝統的な期待に加えて CSR を充足する明示的で強い圧力
適用戦略	共同事業体の設立，地方市場の調査研究の実行・政府や企業の相手方との繋がりの樹立の様な本来の経済の適用	経済的な適応と（草の根と政府の）高まる社会の期待。利害関係者の社会・環境責任への期待との差の出現	経済的な適用と，攻撃的な利害関係者の挑戦に導く社会的な期待の高まりとの差の拡大。この状況は，相手方の環境上の責任の協調を求めている。

出所：M. Zhao, S. H. Park and N. Zhou "MNC strategy and social adaptation in emerging markets," *Journal of International Business Studies*, 45-7 (Sept. 2014) (http://www.jstor.org/stable/43653733).

ル州における北方エビの分析を通じて引き出されています。この事例研究では，「いかに地理的・倫理的に定義された漁業開示政策がアクセスやエクイティの諸原則によって知らされ，商品化の限界が十分に小規模漁業に依存する地方の離れた海岸地域で漁業の資源や便益を埋め込めることができるかが例証されている」[5]（P. Foley, C. Mather, B. Neisc, "Governing enclosure for coastal communities: Social embeddedness in a Canadian shrimp fishery" [6])。

　また，日系海外子会社の場合，人的資源管理が現地で問題になります。これは国際人材管理の課題でもあります。「いかに地方の職員が海外子会社だけでなく，本社や新しい現地化を強力に追求する第三国でも積極的に働いているか」が検討されています。現地スタッフを雇っている日系海外子会社によって前進しない問題が指摘され，既存の研究が検討されています。先行研究の大部分は海外子会社の側面から現地化が検討されています。「本研究では，本社からの新しい水準での現地化が明らかにされようとしている」。ここで国際人的資源管理（IHRM）に言及されます。「IHRM は，様々な国際的人材での本社による『人的資源管理』の実践を意味する」。これらには受入国の国民（HCN），本国の国民（HCN）および第三国の国民（TCN）が含まれます。「本研究では明らかに，本社による『人的資源管理』からの新しい現地化の過程とアイディアとが結び付けられている」（中村志保「日系海外子会社の現地化に関する研究（1）」[7])。

3. 中小企業の対アジア進出——MNC の転身

　1985 年のプラザ合意後の円高で日本経済は不況に陥りました。その下で日本の中小製造企業は採算が合わず，アジア進出を余儀なくされました（当時，安保哲夫によってこの事態は「しぶしぶの海外進出」と表現されました）。また，国内で既存の産業が振るわず，企業が海外に出ていってしまうので空洞化が叫ばれました。空洞化という言葉はもともとアメリカで使われていたものですが。
　ところで，ポスト冷戦下で経済のグローバル化が進行します。当然，グローバル・スタンダード（世界標準）が支配的になります。「2

番ではダメなのです」(後に民主党政権の「事業仕分け」の掛け声のもと「2番ではダメなんですか」と言われた)。それはともかく国際競争では企業や製品は「オンリー・ワン」なのです。だから産業の業界地図も大幅に塗り替えられる。それによって，ことに弱い企業や弱者は窮地に追い込まれるわけです。

さて，日本で為替の自由化ほか金融のグローバリゼーションも進みます。護送船団方式との決別でもありました。とりわけ金融行政は保守的でしたが，証券資本主義のアメリカにたいして「遅れた」日本は間接金融優位のお国柄です。

また，金融開国，つまり外資規制の撤廃，外国金融機関の日本上陸などが求められました。わが国にとっては，いわば「第三の開国」でした。しかし，問題は中堅および中小の企業群です。ヒト，モノ，カネ・情報のなかでも，人の移動はひときわ困難でしょう。そこが死活問題なのです。

ここで MNC との関連で見ておきたいと思います。

まず，自動車産業におけるサプライヤーの結合関係の量と質が分析されている論文 (P. Pavlínek 2018)[8] があります。2010年に133社のスロバキアの自動車企業によって行われたサーベイを通じた外国子会社，国内企業両方から筆者によって収集された独自のデータと，11年と15年の間に実施された50社の自動車会社へのインタビューに基づいています[9]。

スロバキアの事例[10] では，組立企業でもっとも重要な外国所有のサプライヤーとの後ろ向きのサプライヤー結合関係を例外として，外国子会社の国内企業との希薄で圧倒的に依存している結合関係と，外国子会社間の弱く発展させられた結合関係だけが露見されました。それは，同国がおもに組立のプラットフォームが外部で組織された GPN (グローバル生産ネットワーク) に統合され，国内経済に弱く埋め込められている時に機能する一連の大部分，結合されていない外国子会

社をつうじて自動車の GPN に統合されてきたということが示されています。この空間と時間の固定の性質は現代の自動車の空間的な組織と操業を反映しており，それは供給とグローバル・ソーシングにしたがうことにもとづいています。「分析では，ほかの既存の証拠とともに，国内外の企業の圧倒的に依存する（なんらかの）リンケージは統合周辺諸国，依存してはいるが関係は弱い国々で発展する傾向があることがおおいに示唆されており，FDI から国内経済への知識移転の限界と周辺諸国での自動車の FDI の不完全な性質にも寄与している」[11]。

日本経済も世界経済も，はたしてグローバル化なのかローカル化なのでしょうか。はたまたグローカル化なのでしょうか。

> 「われわれは世界的な移住を人々の移動を通じた諸国の社会・空間ネットワークとして研究する」。移住のストック，方向性，時間，および距離の要因となっている密接に結びついた国々の共同体を検出する。共同体の3つのタイプ，すなわちグローバル，ローカルおよびグローカルを区別する。

世界の移住は，まだ分散されているが，強力に移動を重ねながらいっそうグローバルに相互に結びつくようになってきました。地域の境界は世界移住を形成しなくなっており，多くの移民は地方の地域内でよりも地域間で移動しています。「我々の実情調査によれば，世界の移住は地域的に集中してもグローバルに相互に結びついていないが，代わりに世界中に不平等な移住機会の経路をつける異質な結合パターンを示している」（V. Danchev and Mason A. Porter 2017）[12]。

4. 日本異質文化論，特殊な取引（商）慣行!?

　スーパー301条[13]の脅威。1989年5月，「優先国」として日本のほかインド，ブラジルが認定されました。日本に関する優先交渉慣行をもつ分野—通信衛星，スーパーコンピュータの政府調達，木材に関する技術基準が指定されました（90年6月，合意成立）。保護主義的要素がつよい[14]。

　日本＝異質文化論，これが日米経済摩擦で大問題になりました。日本は欧米とは違い，経済システムが「異質」だ。したがって，大筋で，欧米は日本とは対等に貿易できないというものです。しかし，後にトヨタ・システム（日本的生産・経営方式）は評価されたではありませんか。

　ほかに大規模小売店舗法（大店法）[15]，流通システム（卸・小売）ほかの問題もありました。大店法などで保護されている日本の流通システムは「特殊」とされました。

　しかし近年，ポケモン・和食ブーム，クール・ジャパン〔アニメ，まんが，空手，書道・俳句等〕!?　いまや世界的にも日本ブームであるといってよいと思います。健康志向というのもあるでしょう。かつて日本異質社会論をぶちまけた欧米もこのところ日本贔屓であるのはなぜでしょうか。日本への回帰ではなく，世界的な問題状況がそうさせているのではないでしょうか。日本にとっては矜持でもありえますが，ことはそれほど単純ではないと思います。あれほどジャパン・バッシングしてきた欧米が日本を無視できなくなった（バッシングできなくなった）のでしょう。

　日本政府の観光立地宣言もありますが，訪日外国人観光客もおおいに増えています。かつて農業王国といわれた北海道も，現在観光王国をめざしています[16]。一例として，中国人の爆買いの問題があり

第 2 章　グローバル化は文化摩擦？

ます。かつて日本人も 1970 年代頃に大挙して外国に出かけて行ったものです。近年でも韓国への買い物ツアーもあります。いや，買春ツアーすらあったでしょう。今の中国の発展段階からいえば，経済社会の成熟とともに海外でのマナーの悪さも解消されていくものと思われます。しかし，問題は現在の日本の政治状況です。それはともかく，以下では MNC の課題にしぼって見ていきます。

> 「既存の研究を検討することで本社による『人的資源管理』から新しいローカル化を考慮する本研究の立場を明らかにした。加えて本社による『人的資源管理』の構成要素と新しいローカル化が検討された。最後に，本社による人的資源管理の構成要素と新しいローカル化の関係が後で定義される」。「パールミュッターの EPG モデルを検討し新しいローカル化を追究することで現地中心（ないし受入国志向）や世界中心（ないし世界志向）に対して自国中心（ないし本国志向）として段階を経た時一つの理論モデルが打ち立てられた」（中村志保「日系海外子会社の現地化に関する研究 (2)」[17]）。

新しいローカル化というのは少し唐突ですが，ローカル化あるいは現地化は多国籍企業の研究では早い時期から注目されていたものです。そもそも現地化というのは企業の外国進出，対外直接投資の究極の課題でした。しかし，そこには文化の衝突があったのです。ですから，MNC にとって文化の問題はとても大切なのです。

MNC の企業家理論に関する論文では，多国籍企業（MNE）の動態的な潜在能力にもとづいた理論が発展させられています。まず，「内部化理論」として知られるようになったものに焦点を当てて MNE に関する学識を検討しています。「この理論の尖端のひとつは契約上，取引費用が知らされる統治の見通しを発展させている。また，他の尖端は技術移転や生存能力の見通しを発展させている」。また，「後者が

いくらか無視されてきたことが示唆されている」。しかし，より完全なアプローチの一部として統合されるとき，それは取引費用／統治問題を支持し，説明されうる現象の範囲を拡大できます。こうしたより統合された枠組みのなかで，良い戦略と合わされた動態的な能力は，とりわけはやく動くグローバルな環境で，すぐれた企業の実績をささえるのに必要なものとみられています。企業家の管理と変形の主導権はMNEの能力理論に組みこまれています。枠組はそれから，いかに戦略と動態力がともにグローバルな環境のなかで企業レベルのささえられた比較優位を決定するかを説明するのに使われています。この枠組はMNEのうえに契約にもとづいた見通しを補っており，国際経営と国際事業を統合するのに役立つことがあると示唆されています。

デザインの発明の才として知られていますが，自らの製造業を持っていないアップルを考えてみましょう。同社は多くの会社と堅い供給関係——数社の純粋な請負業者（たとえば台湾に本社，中国に工場があるフォックスコン），少なくとも競争企業を1社（韓国に本社があるサムスン）持っています。アップルは同社の供給業者が資金調達を与えるのを助け，短期間（たとえば3年）それらから排他的な購入の取極をえるかもしれません。契約の取極はアップルが必要な調整を達するのに十分である一方で，市場の要因に対応するのに必要な柔軟性を維持しているように思われます。

> 「同社のようなおおいに外部委託した会社の有力な例は，われわれに，内部化への標準的な契約のアプローチは企業家，潜在能力，企業の『ネットワーク』パラダイムと結合される，また十分論証できるだが，それらに埋め込まれる必要があるということを思い出させるのに役立つ」（pp.13-4）。

潜在能力というものは，周囲の反対にたいして，仕事ないし業務を

はたすために資源を利用する能力です。基本的に，その能力は明敏な結合あるいは資源の編成から生じます。企業の組織上・経営上の「技術」と距離や国境をまたいで技術を移転する能力（日常業務や資源に埋め込まれた）は企業の国民的，グローバルな能力におおいに含まれています（p.14）[18]（D. Teece 2014）[19]。

5. 第二次安倍内閣の経済政策

　安倍首相は毛利家で有名な山口県萩市の出身です。祖父は岸信介元首相。だから彼の経済政策のもとは毛利元就の「教え」にちなんだものです[20]。つまり，3本の矢。2012年12月に発表された①金融緩和，②財政出動，③成長戦略です。

　そして，財政再建の必要から消費税の増税は延期されました。リフレ派の主張にあるように，労賃増加（労働分配率の上昇）にならなければ消費の拡大に結びつかないというものです。

　もともと安倍晋三は道徳教育を重視し，「美しい国へ」[21] を唱導してきました。しかし日本でもワーキング・プア，ブラック企業などが取り沙汰される昨今です。政治ばかりでなく，スポーツや芸能の世界でも不祥事，スキャンダルが同時多発しています。

　子育て支援，女性応援（一億総活躍）は有効なのでしょうか？　ときに物議をかもしている働き方改革も，掛け声だけに終わっているのではないでしょうか。

　貿易収支の黒字化も実態は大都市圏（都心部）中心の景気回復（人手不足，つまり雇用環境の改善）であり，ほとんど自動車輸出のみです（当然，電機は不振）。内閣支持率の低下。異次元金融緩和の不成功，インフレ目標の未達（黒田日銀の金融政策の限界・失敗）。

　日本には，3％の名目成長，2％のインフレ，そしてプライマリーバ

5. 第二次安倍内閣の経済政策

ランスの黒字という冒険的な経済目標があります。アベノミクスは金融政策，財政政策および構造政策という3本の矢を使ってきましたが，諸目標はまだ達成されていません。「われわれは，反循環的な措置がインフレと公的債務のための期待を定着させる長期の枠組みに埋め込まれるということを提案する。そのうえ，リフレを助ける所得政策を論じる。モデルによるシミュレーションによれば，これらの提案は，結びつけられると，結局，リスク・リターンの見通しからクルーグマン，スヴェンソンおよびターナーによって提出されたより非伝統的な政策よりも好い成功の機会をもって目標に向かって前進するということが示唆される」(E. Arbatli, D. Botman, K. Clinton, P. Cova, V. Gaspar, Z. Jakab, D. Laxton, C. A. L. Ngouana, J. Mongardini and H. Wang 2016)[22]。

「われわれは日本でのデフレを終らせる包括的な政策パッケージを提案してきた」。3本の矢と呼ばれる政策パッケージは，財政出動，金融緩和および構造改革からなる当局の現在の3本の矢アプローチを再強化しています。「われわれは，第1に，首尾一貫した包括的なパッケージで3本の矢を一緒にすることを提案する」。金融政策も財政政策も，長期にわたって，不安定性を扱いインフレと公的債務のビヘイビアについての民間部門の期待を定着させる長期の枠組に埋めこまれる必要がある」と論じています。「第2に，所得政策――いわば

図表 2-2　日本：構造改革の平均 GDP への影響

（過去5年間の％ポイントの違い）

全構造改革	0.5
生産性向上と労働市場改革[1]	0.4
税・インセンティブ改革[2]	0.1

注：1）製品市場改革，雇用保護立法の変更，子育て改革，積極的な労働市場政策，失業手当返還（replacement）改革。
　　2）税・年金改革。
出所：IMF 研究員の計算。

特別な矢をつけくわえることを提案する」。そのようなプログラムは1930年代に米国でデフレを収束するのに役立ちました。シミュレーションを通じて，いかに3本の矢プラスのパッケージが，民間部門からの反対のリスクをより良く和らげるように，何らかの周知の代案よりも継続する見込みであるかも知れないかを示しています。

「日本のデフレを終らせる政策の挑戦は手強いものであり，侮れない」。過去25年間にわたって経験で示されたように，分離された手段というアプローチは継続しないでしょう。時がたつにつれてインフレと政府債務の持続的な経路の安定性を保証する枠組のなかで，かわりに複数の調整された手段を使うのが基本です。

分野総合の最新国際競争力ランキングでは，日本は第8位から第9位に再び低下。スイス，シンガポール，米国の上位3カ国の顔ぶれに変動はなく，上位10か国の顔ぶれも前回から変化していませんが，4位以下では入替りが見られ，特に香港の上昇が著しい（第9位→第6位）。技術革新分野では，スイスが3年連続で第1位となる一方，日本は前年同様の第8位。近年，日本やフィンランド，スウェーデンが順位を下げる一方，米国とオランダは，近年順位が上昇または回復傾向にあります。日本のランクづけの推移を技術革新関連の分野別にみますと，特許の登録件数が3年連続第1位となった一方，ほとんどの分野で順位が低下。特に，先進技術製品の政府調達，産学連携，研究者・技術者の人材確保，企業の研究費といった分野で大きく低下，さらに研究機関の質でも引き続き低下しました。2017年は，スイス，スウェーデン，オランダの順ですが，オランダが16年から順位を大きく上げている（第9位→第3位）。日本は，17年に14位まで上げています。経済成長に対する技術進歩の寄与を示す指標として用いられる全要素生産性（TFP）の上昇率をみますと，日本のそれは90年代以降マイナスで推移しましたが，2011－16年はプラスに転じています。米国と英国のTFP上昇率は，90年代後半から2000年代前

半に高かった。TFP 指数の推移をみますと，各国とも 2007 − 09 年はリーマンショックの影響で大きく落ちこみましたが，米国は下落幅が比較的小さい（「WEF 国際競争力ランキング（総合）の推移」http://www.meti.go.jp/policy./economy/gijutsu/tech_research/aohon/）。

　「われわれは，Hausman and Wieland（2014）[23] のアベノミクスの評価と見通しをアップデートする」。アベノミクスと，ことに金融緩和政策は 2014 年に円を弱くし株価を引きあげ続けました。それはまた，現実のインフレも期待インフレもまだ 2% でありませんが，インフレを生みつづけました。「アベノミクスの実際の影響は緩やかなものだった」。弱い円への純輸出の反応は小さく，拡張的な金融政策が消費に大きな影響を与えたという証拠はほとんどありません。

　「われわれのアベノミクス，とくに金融政策の分析では，影響はこれまでのところ，たとえば拡張的な方向に動く，実質金利や為替レートのような中間の指標にもかかわらず，小さかったということが示唆されている」。一部は比較的小さな改革がまだ生じていないから，また一部は専門家の予測ではほとんど期待されていないことが示唆されているから，「われわれは第 3 の矢，つまり構造改革にあまり焦点を合わせなかった」。2013 年末以来，成長予想は低下する一方，インフレ期待は微増しました。これは，構造改革がいっそう起こりうるようになると見られたとき期待されるパターンの対極です。「多くの標準的なマクロ経済モデルでは，構造改革は成長期待を引き上げるが，インフレ期待を引き下げるだろう。こうして安定的なインフレ期待や成長期待の低下をどう解釈するか，そのひとつは，証拠があるが，構造改革が起こる可能性は低くなったということである」。「そのことは悪いニュースである。良いニュースは環太平洋経済協力という形で来るかもしれない」。この貿易協定は，結果として生れる食料価格の大幅な低下をともなう日本の高度に保護された農業部門の自由化を意味し

第 2 章 グローバル化は文化摩擦？

たでしょう。さらに，日本にとって利用できる積極的な改革がまったくありません。たとえば，IMF は女性や高齢者の労働参加をふやす改革は年当り 0.25 ポイント潜在的な GDP 成長を引き上げえたと推定しています。また，Haidar and Hoshi (2014)[24] は，新規や既存の企業への規制にたいする高収益かつ低コストの改革に関して多くの例を与えています。「そのような改革は疑いなく政治的に困難だが，それなしにアベノミクスは長期の成長にとってほとんど何もなさないかもしれない」(J. Hausman and J. Wieland 2015)[25]。

また，以下のような紹介もあります。

> 「こうしたビジョンを伝えるためには，日本は一連の人を怯ませる挑戦を克服しなければならない」。大規模にかつ 10 年以上にわたる財政調整が必要とされるでしょう。人口はもっと高齢化し，減少しつづけるでしょう。そして世界経済は疑いなく変動性や危機さえのいっそうのエピソードになるでしょう。成功が新しい挑戦をもたらすとしても，結果として起こる日銀の政策のようなものは大量の資産購入から出口を探ります。「これらの潜在的な困難にたいして，改革の議題で断固としたものを示す必要があるだろう」[26]。

【注】
1 「国際協調のための経済構造調整研究会報告書」の通称。1986（昭和 61）年提出。
2 「そのような批判の展開は，新古典派理論の本質的かつ精緻な理解なしには不可能だからである」「現代経済学の継承的・批判的発展としての現代的ポリティカル・エコノミーの可能性」『季刊経済理論』第 52 巻第 1 号，2015 年 4 月（NII-Electronic Library Service）。
3 「180 社の標本企業は消費者の権利，労働権，環境保護，政府関係，企業関係を含む 6 大地域での 100 件の公的な危機に遭遇し，文化的な差別待遇に気づいた」(p.851)。
4 「伝統的な適用戦略は国の違いを仲裁し，地方市場や消費者の特徴を満足させることに過度に強調していた。経済的な指向は，容易に公的な危機になる，進化するさまざまな利害関係者の期待を表わしそこなうかもしれない」。研究では，新興

[注]

市場で MNC の持続可能な操業と同じように重要な影響を与えただろう二組の知識と，潜在能力として経済的な適用と社会的な適用とが概念化されている。実証テストでは，中国における 180 社の MNC によって消費者の権利関連の公的な危機が検討されている。結果では，MNC の社会的な適用活動は公的な危機を和らげる一方，中国への早期の参入，地方の指導力，および地方の雇用の迅速な拡大のような経済的な適用の一定の側面が公的な危機になってしまうときに著しく正の影響をもつことが示唆されている。重大な相互作用の効果では，MNC は公的な危機を避けて新興市場で成長を支えるために経済的・社会的な構成要素の両方に注意を払いながら，均衡のとれたアプローチに従う必要があることが確認されている。

5 　社会的な諸原則は流通の関心に対する個々の経済的な効率を担保する新自由主義の政策レジームという文脈で限界を画され続けるとはいえ，倫理的な配置や資源の配分が新自由主義の時代を通じて持続できる諸条件の新しい洞察が与えられている。
6 　Marine Policy, 61 (2015): ScienceDirect.
7 　高松大学紀要，43, 2005 年 2 月（www.takamatsu-u.ac.jp/kiyo/journal/43_037-063_nakamuras.pdf）
8 　"Global Production Networks, Foreign Direct Investment, and Supplier Linkages in the Integrated Peripheries of the Automotive Industry," *Economic Geography*, 94-2, 2018.
9 　実証分析には，外国子会社と国内企業の弱い結合関係が含まれていなかった。そしてそれによって，外国子会社から国内経済への科学技術と知識の移転のための潜在能力と統合された周辺諸国での自動車産業の企業による大規模な FDI の積極的な長期の地域開発効果が弱められていた。
10 　「この論文で，私はまず中心国に本拠を置くマクロ地域の生産ネットワークの統合周辺諸国の空間的な概念を発展させ，それからこれらの諸国での自動車産業の急成長の地域開発効果を分析することをはじめた」。統合周辺諸国とはモロッコ，スロバキア，セルビアなどを指し，輸出指向，外国支配，中核国よりも低賃金，大量生産への特化および親 FDI 的ほかの特徴をもっている国々のことです。「資本主義の不均等発展なるダイナミズムという文脈でハーベイ（2014）の空間時間の固定の観念にもとづいて引きだすことでこの成長を概念化した」。欧米で生産費の上昇と収益性の低下に直面し，中核国（メキシコ，スペイン・ポルトガルからトルコ，ECE へと対象国が推移して来ていて，欧米に近い中進国）に本拠を置く自動車企業はより安い，したがって，統合周辺諸国のより利益のある地域で自動車生産を展開してきました。「地域規模で，私は，統合諸国の国籍を超える生産のネットワークとその地域開発の帰結への分節化の様式を概念化するために GPN アプローチと，その戦略的な合体とを使用した。周辺諸国は，構造的合体，国や地域のために最小の優位で依存している様式の GPN への統合をつうじて自動車産業の GPN に分節化されていることを示した」。この様式の統合の実証的な分析はスロバキアでのサプライヤー結合関係に焦点を合わせていました。「そしてそれは，質と量とい

第2章 グローバル化は文化摩擦?

う FDI の結合関係は FDI をつうじた受入地域での技術と知識の潜在的な普及のために決定的に重要だから, 私が統合周辺諸国で長期の地域経済開発のための組立のプラットフォーム型の構造的なカップリング (合体) の含意を検討できるように」と。「この目的のために, 外国子会社と国内企業のサプライヤーの結合関係の質を評価する方法論を開発してきた」。

11　資本の依存性, 技術の依存性, および戦略的な意思決定の依存性とともに, こうして「結果では, それらの GPN との構造的なカップリングにもとづいた統合周辺諸国での自動車産業の発展の依存性が強調されている」。これは, 外国資本への圧倒的な依存が周辺諸国での自動車産業の基底にある構造的な特徴であることを示唆しています。「私の発見のより早期の裁断や支工場の文献との類似性では, 工業の FDI の周辺地域に横たわる構造的な特色や効果が変化する資本主義の技術的・組織的な性格にもかかわらず, ほとんど変化していないことが示されている」。外国資本, 科学技術およびノウハウへの高い依存は, 統合周辺諸国で自動車産業から捉えられ, こうしてこれらの地域で将来の首尾よい経済発展にたいする主な脅威を代表する, 低い国内の生存能力と限られた価値統合された周辺諸国で自動車産業とから捉えられた。つまり, これらの地域で将来の首尾よい経済発展にたいする主要な脅威を表しています。

空間と時間の固定と戦略的な合体は空間と時間の偶然の事項だから, 急成長する産出高, 輸出, および, ある場合には, GDP は周辺諸国で継続しないだろう。もっと重要なのは, 否定的でなければ, 統合周辺諸国での労働者のために, 構造的な合体をつうじた自動車産業の GPN への「裁可」の全般的な便益が限られてきたことである。これらの結論は, 世界的な価値連鎖で諸地域と諸国の分節化にもとづく持続可能な地域開発についての楽観的な期待をいつの間にか害し, 国々や諸地域の FDI をつうじた, 外部で組織された GPN への統合がいかに不均等発展の恒久化, 潜在的に穢い側面の戦略の合体に貢献したかもしれないかにいっそうの研究が求められています。

権力と支配が, 劣った好ましくない状態にたいして統合周辺諸国での大多数の国内サプライヤーを規制する核心に依存した, 組立工場と世界的サプライヤーの手のうちに集中されると, サプライヤーの結合関係は予測できる将来に低いままであるように見えるでしょう。「この状況によって GPN への FDI 主導の統合の長期の地域開発能力は制限され, 来るべき何年もの間, 自動車産業の IDL (国際分業) において周辺諸国の周縁で依存する地位を固定するだろう」。

また, 中国を事例にした論文で, いかに戦略の決定が CSR の要因によって左右されるか, MNE と比べられる SME (中小企業) によって採用されつつある戦略がいかに異なるかについての論文もあります。「SME は世界的な経済価値の創造の主要な部分を占めており, 組織上の特徴, 行動案内の諸原則――ほとんどの SME にとっては非公式かつ『実際的な (hands-on) 』組織上のメンタリティー――によって性格づけられている」(Lepoutre & Heene 2006, Spence 2007)。また, SME は

金融・人的資源によって MNE とは実質的に異なっています。文献では主に，いかに巨大 MNE がグローバルに生じる環境・社会問題にたいして述べることができるかに焦点が合わされつつあります。サプライヤー，配送業者，顧客，革新者か CSR 政策の目標としてか，いかに最大の MNE が SME を包括的な事業戦略に関わらせているかは探究できるものです。「われわれは，SME は CSR 関連の慣行の実施を促進するために好ましいいくつかの組織上の特徴をもっているということに気づいている」。対照的に，MNE は，外部のコミュニケーションを促し CSR について報告するには好ましいが，同時に内部の実施を制限するいくつかの特徴をもっています (D. T. Mousiolisa, A. D. Zaridisb, K. Karamanisc, A. Rontogiannid, "Corporate Social Responsibility in SMEs and MNEs" IC-SIM 2014, Sept. 1-4, Procedia —Social and Behavioral Sciences, 175, 2015 (ScienceDirect))。

12 "Neither global nor local," *Social Networks*, 53, May 2018 (https://doi.org/10.1016/j.socnet.2017.06.003)。

13 《Super Trade Law 301 から》アメリカ包括貿易法（1974 年通商法に 88 年成立の包括通商・競争力法によって付け加えられた）第 301 条。貿易相手国の不公正な貿易慣行に対する報復措置を規定したもの。

14 もともと 2 年間の時限立法だったが，94 年，クリントン大統領が電気通信，紙・木製品などに対して復活させた。

15 百貨店やスーパーマーケットなどの事業を制限することで，周辺の中小小売業者を保護し，消費者の利益を確保しようとした法律。94 年，改正され，2000 年に廃止された。

16 道東では目下，川湯温泉が内外観光客にとりブームとなっている。

17 高松大紀要，43，2005 年 2 月 (www.takamatsu-u.ac.jp/library/06_gakunaishypan/no43/)。

18 プロセス　Teece et al. (1997) は，動態的な力に関連している 3 組の諸過程あるいは管理機能を確認しました。調整あるいは統合と導かれた学習と再形成ないし転換がそれです。つまり，組織上の諸過程が被用者の日常業務のなかに事業の戦略とビジネスモデルを埋め込むわけです。

　「組織の日常業務の有効性は強力で一貫した組織の価値によって強められている。動態的な力はこうして，少なくとも一部は，企業の首脳の経営管理や企業家の指導技術に，またこれらの日常業務を企画し，発展させ，実施して修正する経営者の能力にある。どちらの方法でも，すぐれて動態的な力をもった企業は環境の変化を調整し，事業環境をつくることを学んできた」(p.16)。

　資産のたくみな編成を MNE の理論に埋め込むことで，海外事業の分野は国際経営のトピックスに架橋することができます (p.17)。

　「組織のなかで知識を移転するのはむずかしいことを表している。そして複製できるということは常には模倣性を意味しない。知識はいぜんとして，人びとや仕事やツール同士の相互作用に埋め込まれるまで，外部の機関が模倣するのをむずかし

第2章 グローバル化は文化摩擦？

くするかもしれない」(p.19)。

「あらゆる事業の企業が，あたらしい署名の過程やビジネスモデルで取得することを覚え，埋め込む機会があるのは明らかだ」。このためさまざまな文脈で競争しているMNEは異なる所で明白な署名のプロセスとモデルを発展させる機会をもっています。したがって，MNEはおなじく，それが純粋の国内企業ができるよりも用意周到に多様な，同時的な実験を行えると，新製品の開発や署名の過程やモデルのなかで利点をもつかもしれません。そのうえ，MNEの社内でのあたらしい加工の適用や採用は関連のない企業を横ぎっていたものより容易になるように思われます。たしかに経営の首脳陣は社内でそのような採用をうながすよう努めることがあります (p.21)。

Winter (2003) はこれを「その場かぎりの問題解決」と呼びました。これは問題解決にむけた日常業務と対照的です。ウィンターの用語法では，後者はひとつの潜在能力だ。じっくり検討すると問題解決にたいする「火消しの」アプローチでさえ内部に埋め込まれたいわばミクロの日常業務をもつかもしれないのはありうるということを彼は正しく認識していました。「たしかに，技能は関係させられる」(pp.21-22)。

動態的な力は発達しづらく，一部はそれらが暗黙のものであるため，一部はそれらがしばしばユニークな関係や歴史の組のために埋め込まれがたく，また一部は不確かな模倣できることのために，国境を横ぎって移転しづらい。要するに，それはMNEの「将来」をすべて強める。なぜなら，戦略にそって，それらは速い移動，知識基盤経済で競争優位性を強めるから。それらはしばしば，短期と長期のサイクルの製品開発過程の中心にあるのです (p.23)。

19 "A dynamic capabilities-based entrepreneurial theory of the multinational enterprise," *Journal of International Business Studies*, 45-1 (Jan. 2014) (http://www.jstor.org/stable/43653792).

20 首相のおひざ元の山口県には公共投資が多く，不相応に道路網が整備されているという。

21 『美しい国へ』(文春新書，2006年)，『新しい国へ・美しい国へ 完全版』(2013年)。アベノミクスの「新3本の矢」(2015年9月) は，① 希望を生み出す強い経済，② 夢を紡ぐ子育て支援，③ 安心につながる社会保障である。

22 "Reflating Japan: Time to Get Unconventional?" IMF, WP/16/157, Aug. 2016 (https://www.imf.org/issues/2016/12/31/wp16157.pdf).

23 Hausman, Joshua K. and Johannes F. Wieland, "Abenomics: Preliminary Analysis and Outlook," *Brookings Papers on Economic Activity*, 2014 (1).

24 Haidar, Jamal I. and T. Hoshi, "Implementing Structural Reforms in Abenomics: How to Reduce the Cost of Doing Business in Japan," *Working Paper*, 2014.

25 "Abenomics: An Update," *Brookings Papers on Economic Activity*, Aug. 2015

[注]

(https://www.brookings.edu/bpea-articles/ConferenceDraft_HausmanWieland_Abenomics.pdf).

26 "Can Abenomics Succeed?: Overcoming the Legacy of Japan's Lost Decades," IMF eLibrary.

　政府は 2018 年 4 月 6 日の閣議で，働き方改革関連法案を決定しました。労働時間でなく成果で賃金を払う「脱時間給制度」を導入します。残業時間に上限規制を設けるほか，非正規労働者の待遇を改善する「同一労働同一賃金」も入れます。生産性向上にむけアベノミクスの柱と位置づけました。野党は脱時間給制度に反対しており，与野党対決の焦点になりました。労働基準法や労働契約法など 8 本の改正案で構成します。成立すれば，多くの項目は 2019 年 4 月から適用するとしました。「ただ残業時間の上限規制は大企業が 19 年 4 月とする一方，中小企業が 20 年 4 月から適用する」というものでした。同一労働同一賃金は大企業と派遣事業者が 20 年 4 月，派遣をのぞく中小企業が 21 年 4 月からです。加藤厚生労働相は記者会見で「今国会で成立するように，最大限努力したい」と述べました。菅官房長官は「違法残業を根絶する切り札だ。長時間労働の是正で，多様な働き方を実現し，生産性向上にもつなげる」と強調しました。日本の労働法制で初めて導入する脱時間給制度は，金融ディーラーやアナリストなど高度な専門的知識をもつ人に限定します。労使で合意すれば，労働時間などから給与を計算する労働基準法の規制から除外します。健康の確保のために，年間 104 日の休日を確保しなければいけません。長時間労働に歯止めをかけるため，超えてはいけない残業時間の上限規制をつくります。事業者は前日の終業時間と翌日の始業時間に一定の休息の確保に努めなければいけないとしていました。上限規制については中小企業を指導する際に，労働基準監督署が各企業の経営状況を考慮するとの趣旨の付則を加えました。当初の政府案には，実際の労働時間にかかわらず，あらかじめ決めた時間だけ働いたと見なす裁量労働制の適用対象の拡大も含んでいました。裁量労働制に関する厚労省の調査に不適切なデータが見つかり，野党が反発。2 月末に法案から削除することになりました（「働き方法案を閣議決定　脱時間給・残業規制など柱」）。

　これにたいして，(1)円安により企業収益が増えたとしても，実質賃金が下がるため国内の消費は冷え込んでしまう。(2)大企業と中小零細企業，大都市圏と地方といった具合に，格差拡大が重層的に進んでしまう。(3)米国をのぞいて世界経済が芳しくない見通しにあるので，円安だけでは輸出は思うように増えない。(4)労働分配率の見地から判断すると，トリクルダウンなどという現象は起きるはずがないと批判されています（中原圭介「『アベノミクスは大失敗』と言える 4 つの根拠　今すぐ総括を行い経済政策を修正すべきだ」東洋経済オンライン，2016 年 05 月 31 日（https://toyokeizai.net/；2018 年 4 月 16 日閲覧）。

第2章　グローバル化は文化摩擦？

補論　アベノミクスの功罪

　まず,「日本は階級社会になった」(水野和夫へのインタビュー「アベノミクスは完全に失敗した」[1])とも述べられています。水野和夫はあの『資本主義の終焉　歴史の危機』の著者です。
　それではノーベル賞経済学者のクルーグマンやスティグリッツはこれをどう見ているのでしょうか。

　　引き離す諸問題（The weaning issue）／現世の停滞と自己実現的な予言／速度を免れよ
　「悪い直感はさておき，我々は本当にこの道を下ることができると仮定してみよう。どのように日本はインフレ目標を設定すべきなのか。答えは，財政整理に携わる時それは設備の完全利用を維持するのに優に十分な実質金利を低下させることが出来るほど十分高いことである。そして2％のインフレが十分に高いであろうということを信じるのは本当に難しい。
　こうした観察によれば，最良のケースにおいてすら，日本は一種の小心者の罠に直面するかも知れない」。「それは2％のインフレを本当に達成するだろうと公衆に信じさせるとしよう。そうすれば，財政整理や経済停滞に関わり，インフレは2％を十分に下回るまで低下する。その点で全てのプロジェクトは解れ——そして信頼性へのダメージが再挑戦するのを一層難しくする。
　日本が必要とするもの（そして他の国は同じ経路に従いつつあるのも当然である）は，インフレを押し上げる財政金融政策を使い，持続可能に十分高い目標を設定しつつ，真に攻撃的な政策であ

る。速度を避けるブレーキをかける必要がある。そしてアベノミクスは好ましいサプライズであったが，そこに至るに十分なほど攻撃的であるのが明らかなことからはほど遠い」。(P. Krugman, "The Conscience of a Liberal: Rethinking Japan"[2])

また，「最近の東京訪問で，2人のノーベル賞受賞者が安倍晋三首相に嘆願していた。貴方のデフレに罹っている国で増税するほど狂わないでください」と。

「ポール・クルーグマンとジョセフ・スティグリッツが本当になしたことは，何故首相の経済学のプログラムがとても劇的にばっさり倒れたか，またどのように安倍晋三のチームは日本の現在あるいは将来に場所がないドグマにしがみ付くことで失敗に後戻りしているのかを説明していた。

一部のメディアがまだアベノミクスを継続体——『日本の1980年代の偉大さの回復』からのほんの一つの硬い刺激と話しているのは安倍首相の販売員根性への遺言である。だが既決囚は既決囚だ。首相の政府が消費税を5％から8％に引き上げた時，彼の策略の最初の現実の裂け目が2014年4月に到来した。確かに，国の公的債務をしっかりと把握することはとても重要だが，そうした成長見通しを駄目にする緩慢な措置が，安倍首相がより大きく再調整できる政策を考える必要があるのに十分な信号であるべきだった。

驚くべきことだが，クルーグマンとスティグリッツは経済学の初歩を教えようと安倍首相と時間を費やした。アメリカの大不況時の指導者ハーバート・フーバーは悪い時の緊縮財政について後世に十分教えなかったか。なお2％ポイントの翌年の売上税を主張することは，正に一層の休戦とより少ない賃金の上昇に日本株式会社を追い込むことだ。

第2章　グローバル化は文化摩擦？

　この後退する租税劇はアベノミクスの最大の欠陥，想像力の欠如を晒している。3本の矢——金融刺戟，積極的な財政政策，および規制緩和——をもって安倍首相のチームは現金が豊富な会社を刺激して肥え太った給料に至らせることを狙っていた。日本の官僚がG7会合に入ると，そのことは消費を爆発させ，経済回復や，インフレや，より大きな企業家精神や一層威張って歩くという悪循環に引き金を引いた。

　しかし『再び革新的な魔法のお守りを得ようという東京の計画は』十分に，革新を『欠いている』。日本を今一度の信用の格下げから救うために，何故成長を弱めなかった所で税を引き上げないのか。何故たばこ税を3倍にし，日本を喫煙家の天国でないものにしないのか。炭素税，スティグリッツが好む何かは如何。その間，相続税の引上げは不平等を減じただろう。2020年東京五輪のための楽勝予算へのより厳しい抑制は言うまでもなく，白象公共作業プロジェクトの検討が望ましい。そして，何が，政府の官僚が現在再び経済階級をはばたせないのか。

　アベノミクスは久しく知的に誠実な問題だった。それは，日本を苦しめる（デフレ圧力）が根本的な病気（将来の信認の完全な欠如）ではないものの兆候を扱うことを求めていた。それは，日本銀行の前例のない円印刷計画が家計でなくヘッジファンドを豊かにした理由である。それは日本のシリコンバレーをつくり，ガスを水浸しにするに等しい開業ブームを自由にすることを誓約する理由だ。それは，シャープを買うフォックスコン・テクノロジーを例外として，外国の買収者が日本に駆け込んでいない理由だ。また日本での次の5月のG7の会合が何故東京の役人のために威張って歩くこと以上の脅威を生むかということだ。

　安倍首相のチームがかくも多くの時間と精力を費やしたTPPは策略の一部である。クルーグマンが『ニューヨークタイムズ』紙

補論　アベノミクスの功罪

（2015年5月22日付）のコラム欄に「自由貿易の恩恵について何を言おうが，それら恩恵の大部分はすでに実現された」と書いたように。その上，オバマ大統領の貿易政策は，本当は貿易についてではないと彼は論じていた。一部の既に低い関税は低下するであろうが，提案された案件の主な脅威には知的財産権——薬物特許や映画の著作権のような事物——を強化し，企業や諸国が紛争を解決する方法を変更することが含まれる。こうした企業の土地横取りはソニーやトヨタで利益を爆発させただろうが，それらが将来賃金を高騰させる信認に欠けるなら何が問題なのか。安倍首相は，企業福祉で積み上げないで，貿易障壁を一律に引き下げ続けるべきだ」。

「『従軍慰安婦問題』が安倍首相を前日付にする一方で，彼の自由民主党は1955年以来2度の短い中断があっただけで権力を保持してきた。女性に権限を付与することに圧倒されると考えられただろう。そうした失敗は一部，何故国民がもっと赤ん坊を持つ意志に加えて萎縮しているのかということだ。安部首相のLDPが決して理解しなかったことは，多くの賢くて冒険心のある女性にとって，遅れた出産は家事をする家庭でそれらを好む大会社」（権力機構）「のようなものに対する抗議の一形態であるということだ」。「彼の政府は最後に競って，女性に家族と経歴を均衡させる基本的な因子を与えている」。

「安倍首相が彼の矢筒に対する3本の矢の一つとして『子育て支援』を抵当に入れるとき，国家債務の懸念は前に戻っている」。そのことは2017年の増税に固執する圧力を意味している。「首相は面目を失うことを恐れてそれを遅らすと誓っている。毎日新聞が昨日社説でこう書いているように安倍首相が現在の状態が増税を許さないということを断固主張するなら，その時彼はまず『アベノミクスは失敗した』ことを認めなければならない。

実際の悲劇は，安倍首相が満場一致の国会での多数派，公衆の高

い承認の格付け，及び稀な機会の窓を浪費したということだ。彼のチームが，労働市場を緩め，開業用の赤いテープをカットし，貿易の障壁を低くして狭量な企業文化を大改造することに過去39カ月を費やしたなら，成長は加速していたかも知れない——重役が賃金を引き上げるためにもっと余裕を与え信用格付会社に東京は金融を管理できると信じさせながら」。

　代わりに，焦点は，25年間滅多に引き上げなかった家計に対する増税に置かれている。安部首相の弱い円政策の主な受益者であるトヨタに例をとってみよう。「昨日終わった会計年度に約200億ドルつくるのは期待されるところであり，未だトヨタは月々の支払いを13ドルも増やしている。経済政策の策定者は自らの『ヒポクラティスの誓い』を含めて考えなければならない。2014年に増税し，またそうすると脅かすことで，日本は信認に対して明確な現在の危険をなしている。東京は，何故アベノミクスが爆発したかを説明するのに，正に鏡の中の姿である，一組のノーベル賞勝者を必要とすべきでない」。(W. Pesek, "Krugman, Stiglitz Explain Why Abenomics Failed") 3

　アベノミクスの最大の欠点のひとつを「想像力の欠如」としています。相当手厳しいコメントであるが，核心をついているように思われます。やはり問題はコミュニケーション不足，ひいては民主主義の根幹にあると考えられます。

【注】
1　月刊日本，2017年11月9日（http://gekkan-nippon.com/?p=12704）。
2　*New York Times*, Oct. 20, 2015 (https://www.nytimes.com/pages/opinion/).
3　*Barron's*, Apr. 1, 2016 (www.barrons.com/；2018年4月16日閲覧).

第 3 章

リージョナリズムとは地域経済統合のこと

はじめに

　ここでいうリージョナリズム（地域主義）とは地域経済統合のことです。すなわち，具体的には EU（欧州連合）28 カ国，NAFTA（北米自由貿易圏）3 カ国および ASEAN（東南アジア諸国連合）10 カ国＋3 大国（中国，日本・韓国）などを指しています。けっして地元利益誘導や地域エゴ（自分の所だけ良ければよい）という意味でのローカリズムではありません。つまり，リージョナリズムはより広い概念であり，世界経済のなかでのものです。グローバリズムに対抗する言葉なのです。

　ここで，イギリスの社会保障制度や北欧型の福祉政策が比較されるべきであると考えます。端的には，（イギリスの社会学者アンソニー・ギデンスが 1990 年代に唱えた）「第三の道」といわれる社会民主主義的な改革などです。

　ところが，アジアには開発独裁国家——韓国，フィリピン，インドネシア——が多かったのです。欧米とはやはり歴史も文化も大いに違うように（も）思われます。

　他方で，東アジアを中心にアジア経済圏が注目されてきたし，インドも IT などで発展しています。東南アジアも経済発展しアセアン経済共同体を成立させました。

　さて，地域経済統合とはどういうものなのでしょうか。そして，グ

第 3 章　リージョナリズムとは地域経済統合のこと

ローバル化の時代にどうして地域がクローズアップされるのでしょうか。本章のポイントとなるものです。

1. 地域経済統合とは

　世界経済でのリージョナリズムの具体的な姿を見ていくためにまず，その理論的・戦略的および歴史的な背景からみていくことにしましょう。

(1) 成長戦略

　輸出志向型工業化。これは，アジア NIES――韓国，台湾，香港・シンガポール――，メキシコほかの政策であり成長戦略でもあります。

　これにたいして，輸入代替型工業化をする成長戦略――ブラジルなど――があります。輸入を制限して国内企業を保護し，国内市場を主な販売対象に自国の経済成長を優先して目指すものです。

　両者はこれまで前者の「勝利」とされてきました。しかし，最近ではそのことは必ずしも明らかでない，つまり必ずしも工業化の戦略として輸出志向型だけが成功したわけではないと考えられています（たとえば，末廣昭『新興アジア経済論』を参照されたい）。

(2) その他

　とりわけ APEC（アジア太平洋経済協力）閣僚会議，メルコスール（南米南部共同市場）[1]，TPP（環太平洋経済連携）11，RCEP（東アジア地域包括的経済連携[2]，ASEAN+6 がメンバー）が重要です。

1. 地域経済統合とは

APECはオーストラリアが提唱したもの。ASEAN+6はアセアンに中日韓3国のほか印豪NZの3国が加わったものです。メルコスール以外はより広域的な地域経済統合といえます[3]。

また，チャイナ+1，アフリカ連合[4]ほかも注目されます。前者は主に日本の製造業等が，製造拠点を中国に集中して構えることによるリスクを回避する為に，中国以外に生産拠点を持ち，分散投資をするという戦略。いずれにせよ，日本の対中戦略，中国のアフリカ戦略が背景にあることを忘れてはなりません。

上海協力機構とは，中華人民共和国・ロシア・カザフスタン・キルギス・タジキスタン・ウズベキスタン・インド・パキスタンの8カ国による多国間協力組織，もしくは国家連合。面積と人口では世界最大の地域協力組織です。2001年6月15日，中国の上海にて設立されたために「上海」の名を冠しますが，本部（事務局）は北京にあります。

アジアインフラ投資銀行（AIIB）はアジア向けの国際開発金融機関。中華人民共和国が2013年秋に提唱し主導する形で発足しました。「合計の出資比率が50％以上となる10以上の国が国内手続きを終える」としていた設立協定が発効条件を満たし，15年12月25日に発足し，16年1月16日に開業式典を行いました。57カ国を創設メンバーとして発足しました。AIIBにはアジア周辺国のほかG7からも英国，フランス，ドイツ，イタリアが参加。日本は「公正なガバナンスや融資審査能力への懸念」から米国とともに参加を見送っています。

AEC（アセアン経済共同体）　2015年11月22日に，同年12月31日時点での発足に関するクアラルンプール宣言がASEAN各国首脳により署名されました。

「新しい地方性」　ここで，いくつかの研究を紹介しておきましょう。1980年代半ばから末にかけて，「地方性」は地域研究が転換し，

第 3 章　リージョナリズムとは地域経済統合のこと

世界を描き説明するいわば空間のメタファーともいうべきものでした。M. Jones and M. Woods (2013)[5] では，結果として生じる『地方性の論議』は，21 世紀に社会空間関係を捉まえるために新しい概念を発明するよりも，新しい概念を既存の概念で放り出したということが論じられており，地域研究に光を当てるために『地方性への回帰』が強いられています。そこでは，一緒にされると「新しい地方性」というレンズをとおして地域や社会や空間を考えるための土台をなす 3 本のリーディングが与えられています。また，地方性が分析上の価値をもつために，「新しい地方性」という分析のフレームワークを導入するということが示唆されてもいます。ここで「新しい地方性」とは想像もされ，資料的にも一貫性をもたなければならず，委ねられた地域の経済・社会地理学に関する調査研究ではたらくものです。少し難解かもしれませんが，要するに，地域経済学や社会地理学というものに「新しい地方性」という概念を入れようというものになっています。それだけ地域研究は簡単ではないということでしょう。また，MNC とグローバル事業については次のものがあります。

　石油・ガス事業のようなメガ・レベルであれ，特定の R&D 事業でのようなミクロ・レベルであれ，グローバル事業は世界中で顕著になりしつつある。グローバル事業は非常に複雑か全く単純かであり得，莫大な投資を含んだかむしろ少ない予算であったかも知れず，様々な投資層がいるか恩恵を受ける人々の限られた地域社会である場合がある。したがって，「グローバル事業の定義は実際には明白どころではない」。いくつかの要因では，事業環境のグローバル化やコスト誘因のプロジェクト実行戦略や地方の存在のための国の要件や専門家の分散や合弁事業や企業の合併買収のようなグローバル事業の出現を好みつつあるということが示唆される。しかし，グローバル事業は，統合および／または協調の難しさや法令上・規

制上の問題や事業管理上の不確実性や遠隔性・潜在的な文化的差異という欠陥のような，いくつかの側面効果と結びついていると考えられている。「この概念に関する論文を通じて，『グローバル事業』についての知識のギャップに照明が当てられ，潜在的な学術研究の分野が示唆される」。論文ではまた，文献を検討した結果から公式化される一連の研究上の諸問題も提出されている。この概念に関する文献の検討および分析の成果では，不十分な研究と主題について書かれた学術出版物がある。「グローバル事業に関する文献で提出される議論は実際分かれており，異文化の側面や仮想のチームやプロジェクトの組織にむかう明白に偏った動因で切り離されている」(M. Mossolly 2015)[6]。

調査研究者や国際的な事業環境でのプロジェクト利害関係者が，技術革新について，知識や組織上の諸資源とMNCでの価値の創造にたいするそれらの関係の内部移転についてのような，グローバル事業の実行での機会と脅威をより良く理解するのに役立つということが意図されています。

さらに，地域での不平等の拡大についても応用地理学からの言及があります（Yehua D. Wei, "Spatiality of regional inequality"）[7]。

イタリアの地方集積経済とMNC　次は，イタリアの地方集積経済とMNCの関係についてです。FerraginaとMazzottaの論文（Anna Ferragina and F. Mazzotta 2014）[8]では生存競争の決定因が分析されています。

その目的は，地方の集積経済，またそれらのMNCとイタリア国内の製造企業へのさまざまなインパクトに特別な関心がある企業の

生存競争の決定要因を分析することである。新しい，誕生間もない法人企業をふくむ 88 万 4,232 の観察対象からなる大規模で非バランス・マイクロ・パネルデータが使われている。データは企業別，部門別そして州別に集計されてはおらず，2002-10 年に 110 社の州に立地する製造企業に関わったものである。都市化経済，地方の産業クラスター，産業の特化，産業内・外の多様性――それぞれ MNC・国内企業の――に焦点を合わせながら，企業の立上げから経済活動停止までの期間の決定因を探るためにセミパラメトリックな「コックス・ハザード・モデル」（創業と倒産までの期間を説明することで，〔企業〕生存の決定要因を確かめるために，持続的な現象を分析するように，とくに企てられたもの）が使われている[9]。

MNE の地域管理センター　多国籍企業（MNE）のなかで，地域管理センター（RMC）は非常にしばしば，子会社を運営するように任命された献身的な地域本社（RHQ）か地域管理マンデート（RMM）という形をとっています。41 カ国にまたがる 855 社の日本の RMC の長期的なサンプルを使用して，RHQ と RMM の間の特徴と実績の一連の決定的な違いが確認されています。また，はっきりとした RMC の形状を持つ本社レベルの差異が調べられています。統合・責任枠組の地域戦略拡張に対する構造的な補足物が提案されており，新しい理論的・実証的な研究を MNE の地域経営戦略や構造の研究に役立つ重要で大規模なサンプルの基礎が提供されています（D. Chakravarty, Y.-Y. Hsieh, Andreas P. J. Schotter and Paul W. Beamish 2017）[10]。

つぎに，自由貿易協定（FTA）を見ていくことにしましょう。グローバリズムに対抗するリージョナリズムの現れのひとつだからです。

2. 世界のFTA締結状況

　日本貿易振興機構（JETRO）によれば，2017年に世界で結ばれているFTA（自由貿易協定）は290件にのぼっています（「世界と日本の貿易投資統計」『ジェトロ貿易投資白書2017』）。主な協定を地域別に整理すると，アジア大洋州56〔アジア太平洋貿易協定（APTA, 1976年），ASEAN自由貿易協定（AFTA, 93年），日本－モンゴル（2016年）ほか〕，米州44〔NAFTA, 中米共同市場（CACM, 61年），アンデス共同体（CAN, 88年），ホンジュラス－ペルー間（2017年）など〕，欧州28〔EU, 欧州自由貿易連合（EFTA, 60年），EFTA－ボスニア・ヘルツェゴビナ間（2015年）など〕，中東・アフリカ25〔西アフリカ諸国経済共同体（ECOWAS, 95年），東南部アフリカ共同市場（2001年），湾岸協力会議（GCC, 03年），アラブ首長国連邦－モロッコ間の協定など〕となります。アジア・大洋州に圧倒的に多いことがわかります。おそらく，それだけ複雑な事情をかかえているということでしょう（なお，EUなどはマーストリヒト条約などとすべきです）。

　日本はアジアでは2002年1月にシンガポールと初めてFTAを結びました。06年にはマレーシアと，07年にはタイと，08年にはブルネイ，インドネシア，フィリピン，ASEANとFTAを締結しています。また，09年にベトナムと，11年にはインドと，15年にはオーストラリアと，16年にはモンゴルと締結しました。さらに地域横断的には，05年にメキシコと，07年にチリと，09年にはスイスと，12年にはペルーとFTAを結んでいます（14カ国・1連合）

　ところで，最近よく引合いにだされるポピュリズム（大衆迎合主義）は，もともとは19世紀のラテンアメリカ政治での人気取り政策

第 3 章　リージョナリズムとは地域経済統合のこと

図表 3-1　世界の主な FTA

アジア大洋州	アジア太平洋貿易協定（APTA） ASEAN 自由貿易地域（AFTA） 太平洋諸国貿易協定（PICTA） 南アジア自由貿易地域（SAFTA）
オセアニア	太平洋諸島フォーラム（PIF） 南太平洋委員会1) 太平洋共同体2) 事務局
欧州	欧州連合（EU） 欧州自由貿易連合（EFTA） 欧州経済領域（EEA） 中欧自由貿易協定（CEFTA）
中東・アフリカ	西アフリカ諸国経済共同体（ECOWAS） 大アラブ自由貿易地域（PAFTA/GAFTA） 中部アフリカ経済通貨共同体（CEMAC） 西アフリカ経済通貨同盟（UEMOA） 東アフリカ共同体（EAC） 東南部アフリカ共同市場（COMESA） 南部アフリカ開発共同体（SADC） 湾岸協力機構（GCC） 南部アフリカ関税同盟（SACU）
米州	中米共同市場（CACM） カリブ共同体（CARICOM） ラテンアメリカ統合連合（ALADI） アンデス共同体（CAN） 北米自由貿易協定（NAFTA） 太平洋同盟3)
地域横断	途上国間貿易交渉関連プロトコル（PTN） 途上国間貿易特恵関税制度（GSTP） 環太平洋戦略的経済連携協定（P4） 経済協力機構貿易協定（ECOTA） イスラム開発協力会議（D8）

注：1) 1947 年に設立された政府間協力機構。
　　2) 1988 年南太平洋委員会を発展的に拡大した。
　　3) チリ，コロンビア，メキシコ，ペルー。
出所：『ジェトロ貿易投資白書』2017 年版，130-31 頁より作成。

を指す言葉です。

しかし，現在はどちらかというと世界的な保守主義の流れや極右政党にたいして使われているように思われます。2016年に各国で露呈した代表制民主主義の弱体化とポピュリズムの隆盛。われわれの未来はどこに向かうのでしょうか。

ポピュリズムには「体制的」ポピュリズム，「反動的」なそれ，「新自由主義的」なもの，そして「ポスト工業的」なものがあるといわれます。「ポスト工業的」なポピュリズムが出てきたのは①既成の保革政党の変化，②産業構造の変化を通じた中間層の没落の恐怖，③とりわけ同時多発テロ以降に噴出した反イスラム感情が要因です。現代のポピュリズムは代表制民主主義の機能不全の危機によって生まれています[11]。

さて，Zinabu S. Rekiso の論文（「工業化が問題であったようにアフリカにおける地域経済統合を再考する」）では，与件である地域経済統合（REI）が形成されつつあり発展しているかどうかを分析するのに用いられる分類学の諸原則を確認して提出するために，進化的かつ歴史的な理論上の枠組みが概観されています。そこではこの枠組みを使い，サハラ以南のアフリカ（SSA）における工業化と地域経済統合の関係が調べられています。それはまた，アフリカでいかに先進経済をもつ非対称的な経済統合が工業化と対称的な経済統合に影響を与えてきたかにも着目しています。歴史的な証言にもとづき，論文ではSSAには工業化と地域経済統合の正の，循環的で累積的な関係があると結論づけられています。また，先進経済をもつSSA経済の非対称的な経済統合はSSAにおいて工業化や（対称的な）経済統合に負の，循環的で累積的なインパクトを与えてきたという結論が出されてもいます。したがって，工業化と転形的なREIがSSAで生じることになる，これらの産業政策や戦略の有効性をそれらが促進し十分に満たすふうにREIのイニシアチブを再考するために，また植民地主義

第 3 章　リージョナリズムとは地域経済統合のこと

の遺産と新自由主義的なグローバル化を SSA 経済対先進経済の戦略的な統合で置き換えるために，開発戦略の中心部分としての文脈に特有の，動態的な転形期の産業政策を策定する必要があるということも論じられています（Zinabu S. Rekiso 2017）[12]。

　また，オープン・リージョナリズム（開かれた地域主義）[13] やグローカリズム（世界志向と地元志向の両にらみ）も注目されてきました。同書は，当時の国際経済の急激な変化を，対外直接投資を通じたグローバリゼーションの進展という角度から，捉えたものです。1980 年代以降，日本企業の海外展開が急激になされるなかで，本来，企業の国際競争力の強化を助け，投資国にとっても受入国にとってもプラスの役割を果たすはずの FDI をつうじたグローバル化が，日本企業の場合実際にはどのようなプラスの効果をもったか，そしてそうした効果にはどのような限界があったかが検討されています。たしかに当時，著者はオープンリージョナリズムを好意的に紹介していたはずです。オープンリージョナリズムもグローカリズムもグローバリズムとは一線を画しているといえます。また，多国籍企業論などでは「ローカル・ナショナル・リージョナル・グローバル」といった図式すらあります。海外直接投資を 4 つのレベルで戦略を立てるべきだということなのでしょう。本書ではむしろ中間のナショナルとリージョナルを後景において，〈グローバル化とローカル化のせめぎ合い〉という視角から先行研究を再考してみようと思いました。

> 　「大東亜共栄圏」という負の遺産を抱えた日本は，戦後急速に経済大国化する中での各国からの警戒感もあり，「地域」単位での安定や繁栄を目指そうとする動き，すなわち地域主義の推進において抑制的な態度を取らざるを得なかった。しかしながら現在，中国の台頭によって日本への警戒心は相対化されたことで，皮肉なことに日本が地域の安定と繁栄の実現において積極的な役割を果たせる余

地が以前よりも増大している。RCEPとTPPをどのように関連づけ，またRCEPをいかに日本にとってのみならず地域全体にとって望ましい形で妥結させるか。地域における日本のプレゼンスを今の状況の中で拡大させる意味でも，そのプロセスでの日本は大きな役割を果たすことが望まれる（大庭三枝 2016）[14]。

なお，南英世（2017）[15] も参照してください。以下はインドの対アジア貿易戦略に関する論述です。

インドの対アジア貿易戦略

インドは近隣諸国と遠隔の国々との長い貿易の歴史を持っているが，現代の独立国となった過去70年間に，この貿易関係は停止してしまった。植民地主義の影響と1940年代と50年代における広範な国家統制経済の採用の結果として，インドは輸入代替と貿易嫌悪という道に方向を変えていた。事実，これは途上世界で最もポスト・コロニアルな経済で正しかった。しかし，1960年代と70年代初めにコースを変更したシンガポール，韓国および台湾というアジアの「龍」経済や70年代末からコースを変更した中国と違ってインドは貿易に抵抗し続けてきた。同国は失敗する輸入代替戦略を主張し，輸出志向の成長を通じて追いつく機会を失った。重大な貿易自由化が含まれる，1991年の主な経済改革はほとんど自由貿易の抱擁に導かなかった。社会主義の時代を通じて保護された競争的でない製造部門は開放市場からの競争に耐えられなかった。製造部門は世界で最良のものと競争できないままである一方で，インドは自由貿易に関して慎重であり続けるだろう。それ故に，同国の製造業を非競争的にしている要因が急いで述べられるのは至上命題である。インドは適切な戦略と改革の上で宿題をすることから始めなければならない。しかし，製造業にとって正しい基礎条件に焦点を合

わせる戦略——事業を行うルールを簡素にすること，要素市場の改革，租税改革ないしインフラ開発への焦点を通じて——は輸入代替戦略と混同されるべきではない。同国には巨大な国内市場があるとはいえ，グローバル市場は常に一層大規模であるだろう。世界のために『インド製』を作らなければならない。

　ゆえに，インドは，たとえ一晩では解決されないとはいえ，漸次的な改善を生むだろう，国内問題を解決する過程の間でさえも開放貿易との関わりを高めなければならない。インド製造業は，製造過程と，実際，貿易に対する中核であるGVCの一部になる必要がある。少なくとも西洋の先進経済で保護主義に急に傾いたグローバルな環境を与件とすれば，貿易戦略を追求するインドの論理的な方法はまだ相当急速に成長している地域の一つであるアジアを通じてである。同国は，パキスタンを除く南アジアにまで開放し，中国を過度に懸念することなしに，東アジア地域との関わりを維持することから始めることができた。アジア地域の経済と国々が中国の権力に対する平衡力を求めるとき，この戦略の政治学は重要である。インドはまた，包括的地域経済連携協定のような，より大きな地域協定を一層真剣に探求し始めるべきである。それは，他の国々はサービス部門，特に同国にとって比較優位である，自然人の移動を要求するそれらの部門を自由化する措置を採っているということを主張すべきである。

　世界経済——製造業や貿易を含む——の性質は，第4次産業革命が今から10年か20年のうちに成熟するようになる時基本的な変化を被るかもしれない。これは，インドが，我々が今日それを理解する時製造業で最終的に追いつく狭い窓を持っているということを意味している。それはまた，同国はそうした革命の開始以前に自宅を整える（すなわち，国内の政策の改革を行う）必要があるということも意味している。アジアの積極的な貿易戦略はそうした目標に達

するのに役立ったかも知れない。そしてそれは長期的には単に輸出を増やすよりも決定的に重要かも知れないのである（D. Nayyar, "India's Asian trade strategy"）[16]。

また，淺川将継[17]「頭を柔らかくすること―グローバリズムとリージョナリズムの狭間で―」[18] の発言はとても重要です[19]。

さらに，「メガ・リージョナリズム」も希求されました。メガ・リージョナリズムとはグローバリズムに代わってリージョナリズムが浮上する時代の思潮のことです。ここでは，同名の研究会のタイトルだけ紹介しておきます。

> 反グローバリズムのうねりと日本の進路／TPP 活かす国内改革・基盤整備を―早期批准で「メガ」拡大主導を／10 年で農業再生　見取り図描け―農地所有・利用の責任，より明確に／付加価値貿易から見た比較優位の変化／サービス市場，国内改革急げ―規制見直し　アベノミクス再起動を／対内直接投資残高倍増は可能か―カギは雇用流動化と専門職教育／ほか（「メガ・リージョナリズムの時代」[20]）

いわば日本が独自に改革をとげながら比較優位を勝ちとろうという提言に思われます。

しかし，アメリカと中国を抜きにして現在の世界経済を語ることはできません。そのなかで象徴的といってもよい中国の金融外交に少し触れておきます。

第3章 リージョナリズムとは地域経済統合のこと

3. 人民元の国際化

　ここで人民元の国際化の背景と現状という問題にもふれておきたいと思います。それは単に国際金融の問題ばかりではないでしょう。

　中国の金融システムは，中国人民銀行（中央銀行）と商業銀行（民間銀行）からなるといってよいです。しかし，中国の金融の特徴はシャドーバンキング（影の銀行）とされます。しかも，近年，金融規制も強まっています。

　外国為替相場制度については固定相場制ではないにしても，「管理された」変動相場制とでも表現されるもの!? これまで，しばしば人民元の切下げが問題視されてきたことはもはや周知のことです。

　SDRの構成通貨化では，IMFが近年，人民元をSDR（IMFの特別引出権）の構成通貨としました。これによって人民元の国際化が

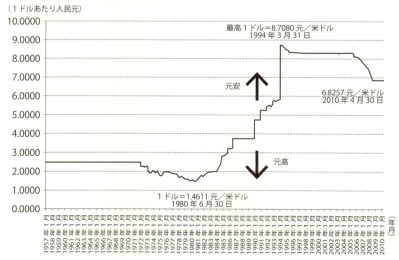

図表3-2　人民元の動向（2010年4月末現在）

出所：「2010通商白書」。

いっそう進むと考えられています。ただし，それ以外にも金融市場の発達などが必要でしょう。

次の世界貨幣，つまり中国人民元あるいは「レッドバック」に遭います。課題は2008年の世界金融危機につづいて，中国の主要な金融政策は人民元の国際化，すなわち米ドルによって現在演じられている国際的な役割と同等な中国の通貨にとっての国家間の役割を作りだすことです（B. Eichengreen and M. Kawai eds. 2015 参照）。

こうした問題にはグローバリズムのもとでリージョナリズムあるいは中華思想（一国中心主義）というものがあるのではないでしょうか。もともとパックス・アメリカーナが衰退するなかでのことですが，まさにチャイナ・ファーストともいうべき事態といえなくもありません。

また，中国政府の海洋戦略もこの人民元の国際化と結びついていないわけはありません。19世紀の世界の金融中心地ロンドンも海洋国家イギリスの軍事力なしに語れないでしょう。中国金融市場の対外開放はけっして外圧ばかりではないと考えられます。そうであるとすれば，金融経済も国際政治と無縁ではないのではないでしょうか。

とくに米国との「戦略的経済対話」が重要でしょう。以下のような指摘もあります。

> 「ともかく，これらの留保事項は，APECは単に保持する運営であるということを示唆しない。全くその反対である。次の包括的なWTOの交渉の場が政策の前進の機会をもたらすまでそれらを保有し戻すというよりも，これが東アジアや西太平洋での他の経済の工業化のための緊急の優先事項である時，それらは積極的な貿易と投資の自由化のために媒体を与える際にAPECの重要性を強調する。これらは全て，中国の貿易政策と改革戦略にとって極めて重要な要素である」（P. Drysdale, "Open Regionalism, APEC and

China's International Trade Strategies")[21]。

　人民元の国際化はまだまだでしょうが，中国のWTO加盟に米中の政治力が働いたように（大森2014）その行方に予断は許されません。

4．小括

　グローバリズムとリージョナリズムの相克という点で後者は地域経済統合のことですが，グローバル化が進行するもとでリージョナル化が要請されてきたことは興味深いことです。反グローバル化をふくめてそれは，グローバル化は単線的には進まなかったわけですが，もともとグローバリゼーションには無理があったとはいえないでしょうか。グローバル化のなかで自由貿易協定などが増えていることだけでも不思議だといえなくもないことなのです。まさにグローバル化とリージョナル化，はたまたローカル化のせめぎ合いといったところでしょう。

　グローバル・ガバナンス，資本主義3.0および健全なグローバリゼーションが世界経済の現実と課題です。「グローバリゼーションを多様な国家群が，単純で，透明で，常識に裏打ちされた交通ルールの薄い層によって規制され，相互交流を行っていると考えればよいのだ」（ロドリック2014，116頁）。そもそもグローバル化を一面的に考えることはとてもできない相談だということです。

　そもそも歴史とは何だったのか。少し哲学的に聞こえますが，そもそも現実の世界とはいえ根源的に考えてみると多少思想的になるのは仕方がないことではないでしょうか。また，〈グローバル・リージョナル・ナショナル〉の図式では「グローバル・リージョナル・ナショナル・ローカル」というものが浮かびあがってきます。ローカルが追

4. 小括

加されなければならないと考えます。いや，グローバルとローカルのせめぎ合いこそが重要であると考えられるのです。さらに，多国籍企業論でのE-P-R-Gプロファイルというもの（パールミュッター）も思い出されます。本国志向（E），現地志向（P），地域志向（R）そして世界志向（G）が多国籍化の方向として考えられるというのです。これは今でも国際戦略の代表的なモデルのひとつとされているものです。つまり，グローバル企業のうちでも常にせめぎ合いがあるのです。いわんや個人や国家においてをや，といってもよいでしょう。MNCやグローバル企業のことは後の章で詳述しますが，ともかくここでは人間にも注目しておきたいと思います。よく「企業は人となり」といわれますが，まさに戦略と人材が要といったところです。コミュニティに人は不可欠ですね。

さて，1970年代以降まず世界経済の構造的な変化があったのでして，90年代に本格化するグローバル化の進行には東西冷戦体制の転換という紛れもない国際政治の変化が横たわっています。ベルリンの壁の崩壊，ソ連邦の解体などをへて歴史は大きく変わってきたのです。だから世界経済の構造変化といっても，たんに経済の問題ばかりではないはずです。国際政治・国際関係の変容・変遷をともなってのことでした。一言でいえば，それは政治経済学的な分析を必要とするようなものだったのではないでしょうか。しかしポリティカル・エコノミーには伝統文化がかかわっており，そうだとすればコミュニティを無視することはできません。また，地域社会はローカル化でもあり，人間を中心とするもの（たとえば和辻倫理学のような）でしょうから，より広くはグローバル化ではなく，せいぜいナショナルやリージョナルを志向するといってよいでしょう。

「競争力，知識，指数，地域，地方性，ベンチマーキング」(R. Huggins 2003)[22] は重要です。論文では，可能なかぎり完全に，単一の指数――「領域の競争力」を構成する計測可能な基準を反映す

第3章　リージョナリズムとは地域経済統合のこと

る——をつくることで，英国での地域と地方の相対的な経済の競争力が評価されています。英国の国内競争力についての他の研究や調査は，孤立して適切な要因を測定してきており，また地域レベルであれ，地方レベルであれ全般的な総合指数をつくることは求めてきませんでした。論文はこうしたギャップを埋めるためにある方法をとることを狙いとしています。英国の競争力指数は，同国における経済資産の不平等性と，なおいっそう拡大するギャップとの高い可能性に光をあてているといわれます[23]。

　リージョナリズムは地域経済統合のことですが，グローバリズムとの相克が重要です。両者はたんに対極にあるのではなく，グローバル化がもともと単線的には進まないことを私たちに教えているということではないでしょうか。

[注]
1　アルゼンチン，ブラジル，パラグアイ，ウルグアイ。1995年に発足した。チリとボリビアは準加盟国だったが，2012年にはベネズエラが正式に加盟している。なお，17年にパラグアイの無期資格停止が決定された。
2　アメリカを含めたTPP交渉が進んだことを受けて，それまでEAFTA（東アジア自由貿易協定）か，CEPEA（東アジア包括的経済連携；ASEAN+6）かで争ってきた日中が「妥協」し，メンバーシップをとりあえず棚に上げて東アジアにおける広域経済圏形成で協力することで合意したのを受けて登場したのがRCEPであった。
3　主な地域統合には東アジアサミット，東アジア共同体，東南アジア諸国連合（ASEAN）＋3，三国協力事務局（TCS），湾岸協力会議，米州機構（OAS），ラ米経済機構，南米諸国連合，メルコスール，東カリブ諸国機構，ラ米・カリブ諸国共同体（CELAC），カリブ諸国連合，欧州評議会，シェンゲン協定，アフリカ連合（AU），中部アフリカ諸国経済共同体，アフリカ金融共同体（BCEAO），太平洋集団安全保障構想，アラブ連盟（アフリカ−欧亜），アジア太平洋経済協力（APEC；欧亜−オセアニア−アメリカ），イベロアメリカ首脳会議（南米−スペイン・ポルトガル），欧州安保協力機構（OSCE；北米−欧亜），北大西洋条約機構（NATO；北米−欧亜），独立国家共同体（CIS；旧ソ連構成国），上海協力機構（欧亜），アジア欧州会合（ASEM；欧亜），大西洋横断貿易投資パートナーシップ協定（TTIP；EU−米国），環太平洋戦略的経済連携協定（TPP），ASEAN地域フォーラム（ARF；

[注]

　　欧亜－アメリカ），東アジア地域包括的経済連携（RCEP：欧亜－オセアニア）などがある。
4　アフリカ統一機構の後を受け2002年7月発足。モロッコを除く全アフリカ諸国54カ国・地域が加盟。本部アジスアベベ。マダガスカル，マリは参加資格が停止状態にある。
5　"New Localities," *Regional Studies*, 47.1, Jan. 2013. 第1に，「地方性を一定の境界のある空間単位として採用せず，かわりに地方性の一貫性と関係性を強調する地方性の諸影響を理解するための修正モデルが与えられている」。したがって第2に，「引合いに出されうる当然の文脈として，地方性を扱うよりも研究プロセスの中心部分として組み込まれる地方性の確認が求められる。この接近法では，地方性の形，範囲および方向は，検討されつつある研究問題にしたがって異なったかもしれないということがいっそう理解される」。第3に，「地方性の資料上の，想像される首尾一貫性がうち立てられ，組み合わされ，表に描かれた種類の質問群をめぐって枠づけされた方法という戦略とかかわる新しい研究団体が求められている」。
6　"Global Projects: A Conceptual Review on Execution Attitude in Multinational Corporations," 28th IPMA World Congress, 29 Sep.-1 Oct. 2014, Procedia-Social and Behavioral Sciences, 194 (2015): Science Direct.
7　*Applied Geography*, 61, July 2015：https://doi.org/10.1016/j.apgeog.2015.03.013. 空間的な不平等は学問的に更新された興味や社会についての関心を引き出してきた。「本稿では，空間的な不平等の複雑さと動態のより良き理解に時宜をえた貢献をするために，地域の経済的・所得上の不平等の空間性に焦点を合わせ，不平等に関する文献が批評されている。我々は，既存の理論は一時の傾向や地域の不平等に横たわっている要因に同意せず，空間・時間モデルは経済地理学者に好まれてきたということを見出す」。それはまた，先進国も途上国も含む，世界の全要素を地域の不平等研究がカバーすることを示している。研究の範囲は，家計や環境上の不平等にまで拡張しつつ広げられもした。「論文では，規模，立地，自然地理，場所，空間，空間上のネットワーク，並びに空間・時間モデルを含む地域の空間性の構成要素が提出されている」。「また将来の調査研究の領域も提出されている」。
8　"Local agglomeration economies: what impact on multi-national and national Italian firms' survival?" *Procedia-Social and Behavioral Sciences*, 110.
9　試みられた主な議論は，産業と企業特有の決定因のうちで，いかに集積経済が企業の「死亡率」に説明を与えうるかである。その上，地方特有の決定因が，企業がグローバル化されるかされないかに応じていかに異なった役割を果たすのかが理解しようともされた。実証分析には，長い時間幅（2002-10年）にわたってイタリアの諸州によってまた産業部門によって集計もされていない大きいパネルの企業に適用されるという利点がある。その結果では次の3つの結論が示唆されている。すなわち，1) 地理的に境界を画されたスピルオーバーからの便益はほとんど重要でないか，集中された地方の生存競争の対抗力によって均衡をとられるかもしれない。

第 3 章　リージョナリズムとは地域経済統合のこと

2）工業地区の経済は企業の持続期間を延ばしておらず，現実に MNC の生存率を低下させている。3）地域内の多様化の経済は非 MNC に全く適切だが MNC にとってはそうでない。このことは，そのうち後者は地方経済でよりも世界レベルで市場および生産の多様化という資産選択戦略から恩恵を得られるという事実によるかもしれなかった。発見された事実には立地に基づく政策の評価のための興味深い含意がある。イタリアの諸州の特化パターンの産業内外の（すなわち無関連の）多様性によって演じられる役割は，地方のシステムの経済活動を拡大し延長することを狙った産業政策の重要な役割が求められる。同様の含意はイタリアの州の産業の特化の重要でない役割に関する諸結果から引き出されることがある。その上，都市化された文脈での活動の集中が積極的に影響しないならば，他の便益を相殺する渋滞および輸送の費用によることがあり，このことは対立を減らすことで企業の長命を促す重要な道具として，都市部を超えてインフラ政策を延長するための強力な支持が与えられている。その政策的な含意のためにいっそう重要な結果は，それらを受け入れる州のなかでの産業地区の企業の死亡率の影響に関わっている「MNC の死亡率に及ぶ負の効果により ID（工業地区）は過去に外国投資家のために持った説得力を失ったかどうかについて疑問が生じる」。恐らく競争優位がコスト削減戦略というよりもむしろ技術革新と知識創造に基づいたモデルにまで進化しなかったからである。総体的な政策上の含意は，構成および／または ID の生存能力を好む産業政策は産業構成とそれらが基づく企業クラスターの組織化が検討されるべきであるということである。最後に，技術革新に投資し，科学技術部門で操業することは MNC にとってだけ企業の生存率を引き上げるという観察結果に対する調査研究が深められることも興味深い）。

10　"Multinational enterprise regional management centres," *Journal of World Business*, 52-2, Feb. 2017：https://doi.org/10.1016/j.jwb.2016.12.011Get rights and content.

11　吉田徹「（特別リポート）拡大するポピュリズム」（『世界年鑑 2017』共同通信社）。

12　"Rethinking regional economic integration in Africa as if industrialization mattered," *Structural Change and Economic Dynamics*, 43, Dec. 2017（https://doi.org/10.1016/j.strueco.2017.10.001）．

13　手嶋茂樹『海外直接投資とグローバリゼーション』（中央大学出版部，2001 年）参照。

14　「TPP と RCEP：地域経済統合の両輪となるか」世界経済評論インパクト，No.593, 2016.02.15（http://www.world-economy-review.jp/impact/）。

15　「日本を取り巻く『地域的経済統合』の現状と問題点」幻冬舎ゴールドオンライン，2017.10.24（https://togensha-go.com/articles/-/10387/）。

16　S. Armstrong and T. Westland eds., *Asian Economic Integration in an Era of Global Uncertainty*, ANU Press, 2018（http://www.jstor.org/stable/j.ctt20krz01.15）．

[注]

17　財務官／OECD租税委員会議長。
18　『ファイナンス』2015年9月号 (https://www.mof.go.jp/public_relations/)。
19　「それまで絶対的に唯一無二のものと思って守ってきた価値観が，実は正しいものではなく，それとは全く違う考え方が正しかったことに気づかされることがある。そうした価値観の転換は，往々にして何か予期せざる外部環境の激変によってもたらされることが多い。そして，それは我々が日々悪戦苦闘している経済政策の分野においても然りである」。「我々はますます頭を柔軟にして，我々の生きている時代と向き合わなければならない。ただひとつの教義に入り込むのは，安直で現実からの逃避にすぎない。私の経験した国際金融の世界ひとつをとってみても，改めてそのことを思い知らされる」。危機からの回復にある程度の道筋がつき，ギリシャ問題に端を発したユーロ危機の過程で財政健全化の認識が高まり始めた2010年頃から，G20での議論が次第に変容し始めたのではないかと思われる。同年6月には，トロントサミットにおいて財政健全化目標，いわゆるトロント・コミットメントに合意したが，これはG20全体ではなく，その中の先進国のみのコミットメントであったし，また，11月のソウルサミットにおいて政策協調のための相互評価プロセスに関する議論が行われたが，2009年末のコペンハーゲンでのCOP15における相互の不信感もあり，再びG7,8の有効性が認識されるようにもなった。また，G20において構造問題といった供給サイドの議論が必ずしも積極的に行われてこなかったことも，G20がユーロ危機にあまり能動的に関与できなかったひとつの背景ではないかと思うと書かれた。
20　研究報告書『反グローバリズムを超えて―国内改革で自由化の恩恵共有を―』日本経済研究センター研究本部，2016年10月 (https://www.jcer.or.jp/report/detail5086/)。
21　P. Drysdale, Z. Yunling and L. Song eds., *APEC and liberalisation of the Chinese economy*, ANU Press, 2012. (http://www.jstor.org/stable/j.ctt24hb57.8*202.237.3.90 から2018年5月11日アクセス)
22　"Creating a UK Competitiveness Index: Regional and Local Benchmarking," *Regional Studies*, 37.1, 2003.
23　3要因モデル・関連要因の加重――「(1)論理的に提出され，内部的に一貫したモデルに基づいている，(2)比較的高い内部の標準偏差をもっている，および(3)以前にStopper (1997) により定義されたように，動態的に頑健なものとして機能しフォワードルッキングな地域や地方の相対的な競争力の尺度である」。

第3章　リージョナリズムとは地域経済統合のこと

補論　テロ，北朝鮮問題

　以下の論説は本文を理解するうえで，また本書全体を理解するうえでも大変参考になるように思われます。必要に応じて是非読んでみてください。

(1)　テロ，地政学・石油の安全保障

　世界でもっとも取引される商品として，石油はよく知られ分析されている。「それは，地政学，国際関係論，および安全保障とリンクをうち立てもしてきた」。こうした注意にもかかわらず，不正な生産，精錬，および石油と関連製品の取引が世界中で生じ，政府の監視と規制のそとで莫大な収入になっている。「この現象についてしっかりと宣言することは，いかにテロリストと反乱組織——イスラム国集団，また ISIL/ISIS ないしダーイシュとして知られるものを含む——が石油を収入源として使うかどうかにかかっている」。生産上の空間的，時間的な変形を理解するのは，操業の規模，技術力および収入の流れを決めるのに役立つことがある。「こうした情報は，翻って，安全保障と再構築の両方に知らしめられる。最終的に，われわれは，IS のテロ集団に管理される地域での石油生産のリアルタイムでの調査を効果的に作成するために，衛星の「多スペクトルの像と根拠・真実の戦前の産出高データを使っている。もっと広く言えば，信頼できる行政のデータなしに衝突に影響される地域で抽出産業の活動を遠隔的に測定することは，広範な公共政策や決定や軍事作戦を指示できる。

衛星データをもって，われわれはISIL管理下の領土での石油生産を推定している。われわれの結果では，ISがその支配下に油田で石油を抽出する時に歴史的な傾向と比較して実績に乏しかったことが示されている。いかにこの「緩やかな生産の質」が所得に翻訳されたかを測るための信頼できるデータがない。しかし，初期の報告では，ISは割引価格で販売しており，2014年に20ドルから35ドルまでの範囲だったとされてきた。一方，次の報告では，価格は原油田に依存しており，しかも一部の油田では1バレル当り40ドルから45ドルが課されていることが示されていた。「そうした水準で，維持投資がまったくないと仮定してすら，石油からの年間の歳入は多くの公表推定をはるかに下回っただろう。1バレル当り30ドルの平均価格と維持投資がないと仮定すると，15年の石油の純収入はおよそ380百万ドルだったろう」。これはその年グループにたいして整列された結合勢力にたいする戦場で競争するのに必要な資金にずいぶん足りなかった。「そのうえ，14年から17年までの世界の石油価格の深刻な低下が15年と16年に生産が減少すると歳入の減少を誇張した」。

なぜわれわれの推定値が多くの公的に利用できるそれと違うかの理由の一つは，サンプルの小ささである。「われわれの知識にとって，以前の推定は，ISの石油資産のサーベイであるものに有効に依存していた」。情報は，2, 3の精錬所から，また基本文書ないし聞き取り調査を受けた人の報告に基づいた特定の日にえられていた。「そしてそれはその後既知の事柄から推定された」。専門家の意見で補われているにもかかわらず，ISが支配する石油施設の世界への周知には本質的に，基底のデータは数少なくて代表的でなかったかもしれないという観察があった。したがって不正確で，潜在的には偏った推論に導くものだった。これらの推定を更新することは，時をへるにつれて同様の方法的な挑戦に直面する。ここで提案

されるアプローチは代わりに、日々の時間的な解決のしかたをもつISの石油生産施設のリアルタイムの調査を行っている。「われわれの分析からもたらされる推定は2, 3の精錬所でいくつかの選ばれた日付での観察からなされる推論ではなく、あらゆる場所でリアルタイムになされたものである。こうして、それらは、さまざまな種類の出来事（たとえば、攻撃、指導力の対立、領土の喪失など）のインパクトの以前の推定よりも少ない偏差を可能にする実質的な利点をもっている」。

「われわれのアプローチは、政策対応を改善するのに必要とされるあまり統治されておらず、闘争に苦しまされている領土での経済活動の測定に正確さと透明性をつけ加えている」。対立に悩まされている設定での石油産出高の信頼できる外部の測定が広範な政策や軍事的な挑戦へのより良いアプローチを可能にしうる。このケースでは、おもな軍事上の反応が第1次大戦中のルーマニアでのナチの石油供給業者を狙いとしていた「潮の波 I 作戦」にもとづいた「潮の波 II 作戦」だった。一部はISの作戦の推定で50％の資金の石油のために「トラックや水源やポンプや収集点をふくむISの石油流通の全連鎖をマトにしている」。われわれの方法で開発された立地日レベルの生産が、この政策の対応が正確で、時宜をえて、目標にされていることを確かめられる。より一般的には、アプローチは短期の人間中心の援助と長期の再構築のために計画を知らせるのに採用される。たとえ石油生産が、世界のあまり統治されていない諸国のなかで、おもな収入源であるとはいえ、信頼できる石油生産数の報告は少ない。これらの設定で、われわれの生産を測定する方法は、健全な経済政策をうち立て、不法か非税の生産を確認して、政策変更のインパクトを評価する政府と国際組織のために決定的に重要な投げかけをすることができる（Q.-T. Do, Jacob N. Shapiro, Christopher D. Elvidge, M. Abdel-Jelil, Daniel P. Ahn, K. Baugh,

J. Hansen-Lewis, M. Zhizhin and Morgan D. Bazilian 2018)[1]。

　石油収入がテロの資金源になっています。だが，生産の戦略との関係は単純ではなく，生産量の変化と政策の変更を正確に測定するのは容易ではありません。

(2)　ロ朝の経済協力

　　長年，ソ同盟は北朝鮮のおもな経済の友好国である。USSR（ソ連邦）が崩壊した後，ロシアは DPRK（朝鮮民主主義人民共和国）の経済発展で「それほど重要な役割を演じてこなかった」。2013 年に，北朝鮮の外国貿易でのシェアはわずかに 1％を数えたに過ぎない。しかし，10 年代に双務的な契約がいちじしく増えた。「近年の動向から判断すれば，ロシアの指導者は北朝鮮との経済協力を拡大し，DPRK との事業利害を刺激する政治的な決定をした」。ロシアは 20 年までに 10 の要素で北朝鮮との貿易量を増加させる目標を設定した。そのうえ，モスクワは今 DPRK へ多数の投資プロジェクトを展開しつつあり，ロシア企業も発展している多くのものに目を向けている。「ロシアにとっての他の重要な狙いは両朝鮮との巨大インフラ計画の実施である」。論文では，ロシアと北朝鮮の現況と将来の見通しが検討されており，二国間の経済関係の発展のおもな形と潜在的な機会が分析されている。「ロシアと DPRK の間の拡大する協力の仕組みと共同経済プロジェクトへと，韓国（大韓民国）の潜在的な参加へも特定の注意がはらわれている」（L. Zakharova 2016）[2]。

　ロシアと北朝鮮の経済協力は両国の政治的な思惑によって進められていますが，今後はどうなるのでしょうか。現在の国際情勢からする

と予断をゆるしませんが，けっして無視しえないものと考えます。

(3) 国際的な孤立と地域の不平等——対北朝鮮制裁からの証言

　本論文では，いかに経済制裁の期間中，経済活動の空間的分布が北朝鮮で進化していたかが検討されている。北朝鮮が国際貿易や国際金融の便益から孤立させられる経済制裁が使われてきた。しかし，中国は制裁を課さず，他の国々によって課される貿易制限を結果として相殺した。「北朝鮮がこの文脈で対応してきた3つの経路を仮説にしている。すなわち，支配しているエリート層による地域愛好主義，貿易の中国への転換を反映している商業の再配置，および輸入代替の経路がそれである。北朝鮮からの夜間の光を使い，首都や中国に近い貿易のハブ，および製造業の諸都市が，制裁がふえると相対的により輝いたものになることを見いだす。しかし，生産は，潜在的に産業の発展を遅らせながら，資本集約財から転換してしまっている。結果は，支配するエリート層にねらいを定める意図にもかかわらず，制裁がすでに限界となった後背地にたいするコストで地域の不平等をますかもしれない」。

　世界貿易は1990年代以来前例のない率で増加した。同時に，諸国はますます，他の諸国を罰し貿易利得からそれらを孤立させる経済制裁を使ってきた。論文では，一国が制裁ゆえに国際貿易や国際金融からますます孤立するようになる時いかに国内の経済活動や地域の不平等が現われるかが検討されている。

　「ピョンヤン，つまり権力の中心が他の国にくらべて制裁から保護されていることを見いだす」。中国の国境に近い地域が，制裁があってより輝くようになっている。製造業の都市もまた制裁が増えると相対的に明るくなっている。「しかし，貿易データの検討はなお資本集約的な生産にたいして産業の上昇を示唆していない。要す

るに，北朝鮮がいっそう孤立するようになると，首都での相対的に多くの経済活動，中国との貿易のハブ，そして残りの国とくらべた製造業の地域が存在するのである」。夜間光の多様さからは，政治権力をもつエリート，あるいは貿易と製造業の結合関係は制裁の負のインパクトからより良くみずからを庇うかもしれないということが示唆されている。北朝鮮の事例は画期的だが，にもかかわらず，いかに極端に権威的な国家が振る舞ったかもしれないかを理解する稀な機会を提出している。

独裁者の行動を変える意図にもかかわらず，すでに限界づけられた後背地にたいするコストで不平等を拡大するかもしれない。北朝鮮のような国々が中央管理を維持し増大する不平等により生じるいかなる不満も抑えることができるかぎり，制裁は独裁政治で非効率であるように見えるだろう。そのうえ，北朝鮮貿易の中国への依存が増えることは，いかに制裁の効率が，貿易が非制裁諸国に容易に転換されうるかにもかかっている（Yong S. Lee 2018）[3]。

論文の趣旨は，経済制裁があっても対中関係が保たれるかぎり北朝鮮は発展するということでしょうか。しかも，都市と農村ではその程度は同じではないということなのでしょうか。リージョナリズムを考えるとき，ともすれば米中関係のなかに埋もれてしまう側面の分析が必要でしょう。

[注]
1 "Original research article; Terrorism, geopolitics, and oil security: Using remote sensing to estimate oil production of the Islamic State," *Energy Research & Social Science*, 2018：https://doi.org/10.1016/j.erss.2018.03.013 ［Science Direct］
2 "Economic cooperation between Russia and North Korea: New goals and new approaches," *Journal of Eurasian Studies*, 7 (2016): Science Direct.
3 "International isolation and regional inequality: Evidence from sanctions on

第3章 リージョナリズムとは地域経済統合のこと

North Korea," *Journal of Urban Economics*, 103 (2018): Science Direct.

第 4 章

CB/SB，NPO・地域通貨

はじめに

　1990 年代初めに東西冷戦が終わり，経済システムは市場経済に一元化されました。国民国家体制は変容し，企業は必ずしも国家に頼らなくなります（グローバル化の進行）。

　そして，ことに MNC に対して企業の社会的責任（CSR）が問われるようになります。また，社会的責任投資（SRI）が注目されるように。ことさら地域への注視がクローズアップされることになります。

　まず，IT 企業，すなわち NPO の「復興デパートメント」のオープン。もちろん，IT 企業といっても，いわゆる情報関連企業のことではありません。2011 年 3 月 11 日の東日本大震災・福島第一原発事故からの復興のために取り組まれた試みのことです。

　つぎに，SRI を格付けるファンドも定着しました。「環境にやさしい企業」「グリーン企業」も増加し，「ファミリー・フレンドリー」な企業の取組みもいよいよ開始されました。

　そして，「グローバル・コンパクト」。これは 1999 年，アナン国連事務総長が言ったもので，MNC が国際基準を守ることを約束する協約です。これらの事態はどういうことを意味しているのでしょうか。

　これらの根底には，市民社会の役割の増大があると考えられます。現在の世界経済，つまり MNC の動向と地域経済の現状にもかかわり

ます。本章ではコミュニティビジネス（CB）やソーシャルビジネス（SB），NPO（非営利組織）や地域通貨などを取りあげて，こうした市民社会の役割を考察することにしましょう。

1. CBの展開

近年，FDIが増加しており，反対にODA（政府開発援助）は停滞しています。日本も1990代にODAで首位の座を譲りました。つまり，民間資金の割合が増大しています。

そこには国際的に民間資金の活用，ひいては地域経済の活性化への期待が背景にあると考えられます。それだけ，先進国を含めて各国の地域経済が疲弊しているということです。

また，「ミレニアム開発目標（MDGs）」のなかで第一に挙げられるのが貧困撲滅です。それとポストMDGsの諸目標が問題です。貧困の撲滅といってもさまざまな問題と絡み合っていると考えられます。そこでコミュニティビジネス（CB）や社会的企業（SB）を見てみましょう。

たとえば，コミュニティビジネスに大分県由布院町の音楽祭，テーマパーク「薬王園」（群馬県JAあがつま）などがあります。また，東日本大震災後の仮設商店街，「六次産業」ビジネスを進めた岩手県重茂漁協，共生地域創造財団（横浜生活クラブ生協）もCBの例です。
おもえ

CBには地域資源活用型，まちづくり推進型，子育て支援型があります。例として，NPO法人忠次郎蔵（埼玉県行田市），民泊五郎兵ヱ（千葉県鴨川市），さんぽく生業の里企業組合（新潟県村上市），株式会社夢創造（栃木県那珂川町）[1]，認定NPO法人フローレンス（東京都千代田区飯田橋【訪問病児保育】）ほかがあります（経産省関東経産局産業部流通・サービス産業課コミュニティビジネス推進チーム

「コミュニティビジネス事例集 2016」[2]）。

　特定非営利活動法人の実態について平成29年8月21日から10月18日までに実施された報告（回答数3,471；51,802法人（平成29年3月末，NPO法人）があります。まず，回答法人では，東京，大阪を除けば，愛知県で多くなっています。認定・特例認定法人は2008年までに78.7％が法人格を取得しています。また，56.9％が03年までに設立されています。活動分野では「保健，医療又は福祉の増進を図る活動」，「子どもの健全育成を図る活動」，「社会教育の増進を図る活動」が上位にあります（内閣府「平成29年度特定非営利活動法人に関する実態調査報告書」[3]）。

　さらに，一村一品運動は，町ぐるみのSBの例です。これは日本だけでなく，中国，タイ，ラオスなどにも波及しているといわれています（大分県発祥の一村一品運動は，現在，アジアをはじめとした多くの国々において地方振興政策の一つとして取り入れられています。タイでも2001年からOne Tambon One Project（OTOP：オートップ）として導入され，農村の雇用創出，所得向上に貢献し，高い評価を得ています[4]。「一村一品運動」は韓国，中国，フィリピン，カンボジア，インドネシア，マレーシア，ラオス，モンゴル，またアジア以外にアフリカ諸国にも普及しています（武井泉「タイにおける一村一品運動と農村家計・経済への影響」[5]）。そこで，歴史的な背景も含めてNGOやNPOについても見てみましょう。

2. NGO・NPO

　まず，1990年代に入って日本のバブル経済の崩壊と平成不況のなか，男女雇用機会均等法の成立や，女性の社会進出が目だちました。雇用形態の変化や企業のリストラ（再構築）もありましたが。リスト

ラクチャリングはアメリカでは経営の刷新でコスト削減でしたが，要するに人件費のカット，レイオフ（一時帰休）を含む首切りです（70年代日本での減量経営が思いうかびますね）。

NGO（非政府組織），国際ボランティアも注目されます。国境なき医師団，アムネスティ・インターナショナルなどです。

また，男女共同参画社会，NPO（特定非営利団体）推進法も成立。循環型経済社会構想，低炭素社会およびコンパクトシティ（グリーン・エコノミー）が出てきます。ほかに3R（リサイクル・リユース・リデュース）も重要です。

さらに，フィランソロピー（企業文化・哲学），ユビキタス・ライフも見のがせません。地域のスポーツ芸術活動が奨励されます（文化の経済学）。

市民社会はイギリスの革命やフランス大革命から出現してきたものですが，その実体は基本的にNPOやNGOなどといってよい。非営利とか開放性とかなどが一番の特徴です。しかし，経営者連盟や経済団体すらも含まれます。また，大学・研究機関，新聞社・TVメディアほかの言論機関なども市民社会を構成しています。要するに，市民社会は現代ではさまざまな団体からなるのです。

つぎに，住民団体，「特定公益増進法人」，およびCBO（コミュニティ・ベース・オーガニゼーション）[6]も注目されます。いずれにせよ，地域社会に密着したものです。

市民社会の実力としては，政府，企業（市場）および市民社会の関係で測られるべきものでしょう。

「社会を理解する場合，経済学では市場と政府という二つの基本部門を想定した理解方法（二分法）が従来から採られてきた。しかし，現実の社会においては，そのいずれとも性格を異にするコミュニティ（共同体）ないし非営利組織（NPO）が重要な部門として存在する。このため，二部門モデルに代えて三部門モデルで社会を理解する必要

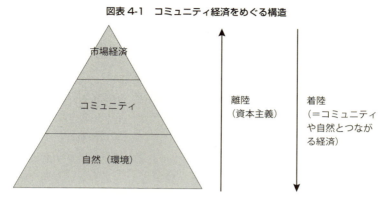

図表 4-1　コミュニティ経済をめぐる構造

出所：広井良典「人口減少社会を希望に～グローバル化の先のローカル化～」平成 27 年度 JA 共済総研セミナー，平成 28 年 3 月 11 日，基調講演① (https://www.jkri.or.jp/PDF/2016/Rep144hiroi.pdf)。

がある」（岡部光明『人間性と経済学』328 頁）と言われています[7]。

なお，MNC が「フィリピンで展開する BOP（Base of Pyramid）戦略は，基本的には，あくまで家族支配型企業集団のコントロール下にある産業の構図を基本的に維持し，その権益を保障しながら市場を獲得する戦略に制限されることになる。同国の産業は，基本的には，家族支配型企業群が持ち株会社を通して政府系企業と外資系企業との連携を図りながらドミナントな位置を占めている（林倬史「多国籍企業の BPO 戦略とソーシャルビジネスの分析視角──フィリピンのインフォーマル・セクターとフォーマル・セクターの視点から──」[8]）と云われています。

つぎに，地域通貨を見てみることにします。

3. 地域通貨

社会主義思想は 19 世紀のプルードン（無政府主義，『貧困の哲学』）

やR・オーエン（スコットランドのニューラナーク工場）にまでさかのぼります。マルクスとエンゲルス（『共産党宣言』『資本論』ほか）の貢献はいうまでもありません。社会主義は20世紀に入ってロシア革命や中国人民革命などで一度は開花しました。

また，地域通貨の起源は普通，1930年代の大不況期に求められています。S・ゲゼルの自由貨幣論が有名です。どういうことかというと，不況期にはお金は出回っていませんから景気の変動に左右されない貨幣が求められたのです。日本でも同じような状況は2000年代にも江戸時代にすらありました。幕藩体制のもとでの藩札（特定目的通貨）が知られています。藩が幕府の意向とは別に独自に「貨幣」を流通させたわけです。もちろん藩の財政がとても厳しかったことも原因ですね。

第二次大戦後，1980年代初めの経済不況のなかLETS（地域交換取引システム）が「発明」されます。カナダ・ブリティッシュコロンビア州のヴァンクーヴァー島にあるクートニーが発祥の地です。地域通貨またはコミュニティ通貨には多様な類型があり（口座型，紙幣型・電子型），無利子であることが特徴といえます。時間預託制であり，分野では福祉および医療（介護）が浮かびあがります。しかし，さまざまな発展段階にあります。

外国ではタイムダラー，イサカ・アワーズ，トロント・ダラーなどが有名ですが，アルゼンチン[9]やブラジルにも補完通貨システムがあります。韓国のばあいは共同体貨幣運動となっているそうです。日本では「さわやか通貨」（名古屋），おうみ（滋賀県近江市），湯路（大分県湯布院），アトム通貨（東京都新宿区高田馬場），ふれあい切符（名古屋），ピーナッツ（千葉県），くりん（北海道栗山町）ほかが知られています。また，アースデーマネーやレインボーリングといった全国型・電子決済方式のものもあります。

3. 地域通貨

　要するに，地域通貨への注目は国民通貨ないし国際通貨への不信がその背景にあり，法定通貨にたいするオルタナティブ（代替・補完）通貨といえます。また，それはコミュニティ通貨，並行通貨などともいわれます。地域通貨は法定通貨にとって替わるものではないでしょうが，それへの注目はある意味で深刻です。貧困問題や経済格差の拡大がその根底にあるといえましょう（地域通貨を発行するわけではありませんが，現代では，SBのグラミン銀行などが知られています）。しかし，地域通貨が期待以上に増えていないことはさして問題ではないでしょう。たとえば，EUに問題があるからといってEUはなくなってもよいのでしょうか。問題を抱えながらも一歩でも先に進むというのが本来の姿ではないでしょうか。地域通貨の場合もほぼ同じであると思います。むしろ急ぎすぎて大きな過ちを犯す方がはるかに悲劇だと考えます。それは地域通貨もいわば百年の計だからです。世のなかはそんなに簡単には変わらないものです。

　それはともかく，最近変化の著しい情報社会についてもその一端を垣間見ておくことにしましょう。

　ところで，世界社会フォーラム（WSF），オルタ・グローバリゼーション運動，NGO，社会運動も注目されます（毛利聡子「オルタ・グローバリゼーション運動の行方——転機を迎えた世界社会フォーラム——」[10]）。WSF開催の意義を再検証するとともに，WSFをオルタ・グローバリゼーション運動という社会運動の一局面として捉え，その体系化が試みられています。そこでは，従来の社会運動の主体に加えて，農民運動や先住民運動など，これまでの政治回路では代弁されなかった人々や運動体が新しい変革主体として台頭していることが提示されました。そして，7年目を迎えたナイロビ・フォーラムの抱える問題が分析され，WSFが当初から内包していた弱点の顕在化であることが明らかになりました。その弱点は，可視化される人々と可視化されない人々との亀裂，NGOと社会運動との亀裂，穏健な勢

力とラディカルな勢力との亀裂といった3つの亀裂となって表出していました。このような亀裂は，グローバルな連帯を唱えるオルタ・グローバリゼーション運動に深刻な影を落としつつありました。これらの亀裂の背景には，社会運動の弱さ（とくにアフリカ）や弱いメッセージ性等に加えて，WSFのガバナンスに関わる問題が潜んでいました。とくに国際評議会の透明性や自発的な活動に伴う責任所在の不明確性などの問題については，今後の検討課題としたいとされていました。

　WSFはさまざまな問題を抱えているともいわれますが，重要なのはWSFのプロセスが時間とともに新しい力を構築していく運動過程だということです。WSFは多様な人々が提示するさまざまなアイデアのどれが正しいか間違っているか，どの主張や行動が妥当なものかそうでないのか，その基準を徐々に明確にし，構築していく場です。つまり多様なアイデアが人々の討議を通して共有され，徐々に収斂していく。まさに差異の収斂が討議民主主義の実践を通して生じているのですが，こういう空間はこれまでなかったことに鑑みるとまさに壮大な実験の只中にあるといえましょう。

　運動の目的自体も教条的な理論から演繹されるのではなく，運動過程のなかで絶えず再認識され再発見されていくという構築主義的なものの見方にたてば，たとえ，WSFの開催が困難になったり，制度化・組織化されたりしたとしても，それはオルタ・グローバリゼーション運動の終焉を意味するわけではありません。新自由主義的グローバリゼーションが不公正，格差，不安全を生み続けるかぎり，その変革を求める運動は生まれ，人々の挑戦は続くでしょう。

4. その他情報社会の現状

　まず，データマイニングや AI。データマイニングは企業が蓄積した大量のデータを解析し，経営やマーケティングに有用な相関係数やパターンを探りだす技術です。また，AI（人工知能）を活用した家電製品群があります。かつて AI 内蔵の電子ジャーが発売されたときは何がなんだかよくわかりませんでした（ご飯はやはりお櫃でしょう。そこまで贅沢いわなくても，せめて米をとぎ，少しは手をかけて炊いてほしいですね）。

　また，ビッグデータの重視やクラウドコンピューティングの隆盛などがあります。ビッグデータは大量のデータのこと。これまでの技術では管理できない膨大なデータのことで，GPS（全地球測位システム）から得られたデータなどを指します。インターネットの活用でこれらのデータを管理しようとしています。このところいたるところでクローズアップされている重要用語の一つです。さらに，クラウドコンピューティングは自らサーバーを持たないで他社のサーバーを利用して情報処理をするものです。経費節約でしょうが，歴史があります。つまり，経済は不況になるが，国際競争のために企業は何とかしようと思うわけです（石油危機の後，日本企業が減量経営で乗りきったように。しかし，1990 年代以降は日本に限らず外国でもそうした発想が求められたということです）。

　ところで，パソコンもデスクトップからノートブック PC に変わってきました。高級自動車に積まれた大型の移動電話・端末，ポケベルから小型のガラケイ（ガラパゴス型携帯）＝ケータイ（携帯），スマホ（Smart Phone），はたまた iPhone やタブレット，iPad と進化してきました。

　ソーシャル・ネットワーキング・サービス（SNS）ではブログから

はじまり，ツイッターやフェイスブック，その後 Line やインスタグラムなどが流行しています。「インスタ映え」は流行語大賞に選ばれたほどの人気です。「アラブの春」や香港の民主化運動などで SNS が活用されました。SNS については問題も噴出していますが，現代社会はそれだけではありません。

さて，世界経済フォーラムに対抗するものとして世界社会フォーラム（WSF）が毎年開かれています。その第 14 回大会（WSF2016）がカナダのモントリオールで開催されました。参加者は 3 万 5,000 人，1,182 団体にのぼり，125 カ国にわたりました。また，ボランティア時間は 15,000 時間，ボランティアは 750 人でした。会場でのミーティングは 180 もあり，39 の金融パートナーもいました。さらに，24 の自主管理委員会，8 つの作業部会があり，7 つの夏期就労，6 つの年間就労，6 日間の活動，3 年間の仕事をともないました。

WSF の 5 大行動は ① 陳情への署名，② デモ，③ ボランティア活動，④ 責任ある消費，⑤ メディアでの行動です。また，その根拠となっているものは ① 人権・社会正義，② 環境，③ 教育，④ 国際的な結束，⑤ 男女間不平等との戦いの 5 つでした。

モントリオール大会では世界社会地区（WST）が設けられました。そして，主なテーマは BDS[11] キャンペーン，フリートレード，代替貯蓄，保証付きミニマムインカムなどでした。

ところで，大会パンフレットには次の言葉が掲げられています。

> 「私たちはより良い世界の形で将来世代に莫大な負債を負っています。それはより良い世界である必要があります。すべての人の権利が良い人生のための過去の鼓舞に基づき打ち立てる尊重されるものであり，またすべての人が潜在能力を発達させられるようにするものです。世界は必ず可能なものです。あなたが今関わっていることのような努力を通して，この世界は現実となるでしょう」（ネ

ルソン・マンデラ，FSM －ムンバイ，2004 年）(Activity Report, World Social Forum, Montreal, August 9-14, 2016)[12]。

なんと WSF の第 1 回大会でのマンデラ大統領の力強い言葉です。

こうして，われわれを取り巻く情報環境は大きく変わってきたといえます。まさに，情報が氾濫しているわけでもあります。そうしたなかで，ひときわ情報収集や分析能力が問われる時代ともいえます。情報があふれるなか，それをどう捉え利用するかはきわめて重要な問題であると言わなければならないのです。

5. SB，IoT・BTC

本章は CB，NPO および地域通貨などを扱ってきました。ここでは SB，IoT（モノのインターネット）およびビットコイン（BTC）について触れ，本章の結びにかえることにしたいと思います。いずれも現在の世界経済にとって重要な問題です。

(1) SB の意義

もともとはアメリカの社会的企業，地域企業を指しますが，日本でも近年注目されてきました。少子化高齢化，育児・教育問題，引きこもり・ニート支援，障害者支援，環境保護，貧困問題，地域コミュニティ再開発など，解決されなければならない社会的課題をビジネスの手法で解決していく活動のこと（したがって，ボランティアではありません）。SB は，社会的課題の解決に対して事業性を見いだし，「新たな産業・新たな働き方」を創出する主体です。このような活動が，近い将来には行政，企業，市民の協働パートナーとなることが期待さ

第4章　CB/SB，NPO・地域通貨

図表 4-2　ソーシャルビジネスの事例

・	買い物難民のサポート（新潟県三条市），かまいしチキンカープロジェクト
・	各新しい公共の担い手が多様化
Ⓐ	思考，意識が多様化　ノーリスクローリターン型，行政依存型，自立経営型
Ⓑ	法人格が多様化　NPO法人，一般社団法人，株式会社，合同会社…etc.
Ⓒ	資金調達が多様化　私募債（不特定多数からの資金支援），寄付，出資，融資
Ⓓ	フィールドが多様化　市町村内（行政区），広域，全国，海外，課題解決型
Ⓔ	関係性の多様化　縦割り地域・社会を横断的連携へ，新しいまちづくり組織

出所：永沢映「新しい公共とソーシャルビジネス，コミュニティビジネス」資料3。

れます（経産省「ソーシャルビジネス研究会」）。永沢映氏[13]の報告を図表4-2に紹介します[14]。

　また，地域に根づくCBであるが，地域企業とはいいません。企業の社会的責任ともかかわっています（社会性，事業性および革新性の要件を満たす活動とも定義されます。ちなみに，法律等で活動内容等が既に規定されている活動は該当しないとされます）。

　近年，ビジネス・プロセス・マネジメント（BPM）パラダイムが社会的に駆り立てられるようになりました。諸過程の社会化が，協働や知識の共有や集団の決定を改善する手段を含むことにより柔軟な過程を実現する不可避的な方法になりました。しかし，現在提案されるアプローチの大多数は，それらの科学技術から独立した，一貫した概念上の再利用できる枠組みを与えないで，社会的な科学技術（ソーシャルネットワーク，ブログ，ウィキ…）の採掘に限られています。論文では，BPMで考慮されるべき社会的な次元が正確に定義され，社会BPMの企画と発展を構造づける一連のモデルが勧められています。そのうえ，社会存在論は，Protégé 5.0と，SWRLとSPARQLで実施されてきたそれを開発するための知識と質問を推論するための規則をもって発展させられてきました。

　「リスク管理や仮想団体や将来の工場のような高度な過程に基づ

くアプリケーションは頻繁な変化に従っている」。時々，そのようなアプリに関わる諸過程は開発の初期に完全には定義されていなくデザインと実行の諸局面の絡み合わせを求めるが，一方過程は進化する。「実際，このタイプの過程は変化に適応することを柔軟に求めるだけでなく，諸過程をアクターの共通の目標に向かわせる協同，知識の共有及び集団決定を容易にする手段をも含むはずである」。そのうえ，これらの要件はすべて過程にたいしてライフサイクルが考慮に入れられるべきである。たとえば，ユーザーは過程について決定する企画の時ばかりでなく，その実行を案内するか仕事を果たすために操業時間にも関わりえたのである（H. Ariouat, C. Hanachi, E. Andonoff, F. Benaben 2017）[15]。

さて，第14回社会起業家と支援者が集うビジネスコンテストが2018年2月25日（日）に開かれました。「Create Our Own Future 〜本気の想いが未来をつくる〜」というものでした。ファイナリストには「場の力でパーキンソン病の方の運動継続を促しいつまでも豊かな暮らしを」（理学療法士が難病リハビリを変える）や「全ての人を幸せにする JEWELRY」（オーダージュエリー）や「ゲームを活用し，より良い社会と未来へ」（シリアスゲーム[16]で世界を救う）や「『一人一人が主人公』サンシャインプロジェクトを日本に」（カナダ式引きこもり支援を日本で）や，大学生枠で「政治の見える化によって社会を前に進める」（中立的政治のまとめサイトで意識改革）が選ばれました。デモクラシー2.0 イニシアティブの代表発起人で社会起業大学名誉学長の田坂広志氏が審査員代表でした（社会起業大学「ソーシャルビジネスグランプリ2018｜起業家・起業家を育成するビジネススクール」[17]）。具体的な社会的企業の例であり，たいへん注目されたそうです。

(2) IoT[18]とは

　これは数年前の流行語（大賞）でもあります。IoTとはモノのインターネット（Internet of Things）のことですが，あらゆるモノがインターネットに接続されることをいいます。「IP接続による通信を，人の介在なしにローカルまたはグローバルに行うことができる識別可能なエッジデバイス[19]からなるネットワークのネットワーク」（IDC[20]の定義）というのがあります。

　ネットワーク環境や情報環境としていることからユビキタス・コンピューティングを連想しますが，IoTの推進は企業や政府の戦略的な事象でもありましょう。最近ではさまざまなものがあり，住宅IoTも出てきているそうです。まさにあらゆるシーンをビジネスに取り込んでいこうというものでもあるはずです[21]。とにかく文明の利器どころの話ではなくなっているほどです。何でも接続され便利になるほど，もしかして個人情報が保護されないといった事態になるかもしれません。利便性ばかりではく，IoTのリスクも指摘されているからです。危険性と隣り合わせなわけです。物事は両面を見なければならないでしょう。

　なお，現在の市場価値は800億ドルと予測されています。これからの行方が期待されていることだけは確かです。

　さしあたり，「パネル討論：デジタル技術と未来」「特集：Biz Frontier｜ウエラブル技術」（『日本経済新聞』2018年2月13日，24・25面)[22]を参照。

> 　「サイバーセキュリティは着実に国の保障議題の首位に近づいてきた」。同時に，物理的世界と仮想の世界の合併は全く途上にある。科学技術の一種の合流が一緒にモノのインターネット（IoT）として知られる題目の下でこれを可能にするようになった。「この

合併は，人間の介在を必要としない，ネットワークにおいて共に対象を接続する合計で何十億にもなるセンサーやコンピュータのデバイスをもたらすだろう」。そして，それとともに大いに誇れる恩恵，知りうるリスク，不確実性，ならびに検討できるセキュリティの板挟みが到来するだろう。過去を将来の行動の預言者として使いながら，ハッカーの道具の膨大な増加は等しく，今物理的な世界に触れるだろう莫大な脆弱性を生み出すだろう。だが IoT はまた，同じくインターネット革命を比較的小さく思われるようにしつつ，まさに今想像されつつある機会を提供するだろう。科学技術の成長はしばしば政策を追い越すように見えるが，政府は会合を開き最終的には規制する権限を保持している。「本論文では，何故政策立案者が IoT を懸念するのか，次の 5 年から 10 年の重大な傾向，及び同様にそれらの傾向から引き出されるセキュリティの含意が検討されている」。論文は政策検討の概観をもって終わる（Sean S. Costigan and G. Lindstrom, "Policy and the Internet of Things"[23]）。

また，フィンテックも話題になっています（さしあたり，米田智彦「アフリカ・フィンテック最前線。ケニアの経済を変えた『M-PESA』の衝撃」参照[24]）。やはり途上国では移動通信手段が発達せざるをえないですね。しかし，フィンテックはこれにとどまりません。

(3) BTC の衝撃

2008 年に始まり[25]次第に社会的にも認知されだし，取引額も増えてきた仮想通貨 BTC の価格は 17 年に乱高下しました。これまで最大の投資家は日本人ですが，ネット金融が拡大していた中国で取引額が急増していました。その中国が金融規制をし，投資額は減少しました。

第4章　CB/SB, NPO・地域通貨

　科学技術の発展が新しい形の支払いを強調していました。過去数年間に，現在の文献が仮想通貨の役割や，デジタル硬貨をつうじた支払いの経路やそうしたプラットフォームの融合の重要性に照明を当てていました。ビットコイン（BTC）は，2009年に初めて1対1のシステムにもとづいて発行される電子硬貨として知られています。他の決済形態との違いは，BTCがいかなる機関あるいは中央当局にも管理されないということです。BTCの取引は，規制措置ないし政府の法的な承認を「要求し」ながら，急増してきました。BTCは一般的になったとはいえ，市場は貧弱で不幸にも何ら信頼されるものではありません。犯罪をおかしている資金調達活動と結びついた，多数のリスクを決めることのできる規制がありません。しかし，多くの欧州諸国でBTCの法的な地位が与えられています。また，このタイプの通貨はコーヒー店やレストランの間で急速な進化を経験してきました。

　科学技術の普及を考慮すれば，インターネット上のアプリや移動電話，仮想通貨は消費者の生活のなかでますます適切なものになりつつあります。スマホ販売をとり扱う国際企業は，この市場の増大を促し，デジタル金融の世界における急速な変化を可能にしています。BTCの出現にそって多くの政府は，国民通貨との競合をとり除くために，また資金洗浄や窃盗や，麻薬取引や賭博などのような他のタイプの不法行為にたいして利用者を保護するために企画された，保証政策を確保するためにも，規制制度を実施しようとしています。将来，仮想通貨は，投資とリスクの両方を刺激する新興市場の一部になっているでしょう。適切な規制政策をもってすれば，デジタル通貨の世界は政府とそのユーザーにとっても成功者と考えられることがあります[26)27)]。

　BTCのようないわゆるデジタル通貨をめぐる最近の熱狂は，何千人もの人が価格高騰に魅せられた時ですら取引会社のIGグループが最善のクォーターを達成するのに役立ちました。FTSEの250社は，

5. SB, IoT・BTC

図表 4-3 仮想通貨取引の流れ

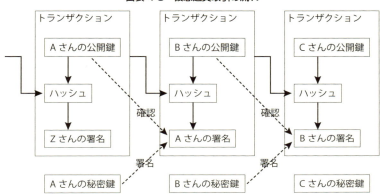

前年に 25％だった 2 月末まで 3 ヵ月間顧客当り約 1,500 ポンドをつくったと述べていました。クリプトンカレンシー（CC）製品の取引は，1 年前のわずか 1％とくらべて，会社の 11％となっていました。しかし，IG グループが CC の取引が 1 月末以来「著しく減少し」たと注記しましたが，投資家が BTC の最近の価値低下により減少させられた後に熱狂はすでに萎みつつあります[28)29)]。

そもそも仮想通貨とは暗号通貨であり，オープンソースのピアツーピア通貨です。BTC も仮想通貨のひとつです。いわばネットワーキングによって成立しているといってよいのです。参加者一人ひとりがサーバーのようなものなのです。

また，BTC はブロックチェーン技術によっています。マイニング

図表 4-4 ブロックチェーン

と呼ばれる方法で参加し，その価格も変動します（暗号化には計算式が使われます）[30]（ビットキャッシュやリップル[31]，モナコイン[32] もあります）。

また，MONACOIN というものもあります[33]。本章ではコミュニティ（地域社会）に焦点を当ててきました。グローバル化が進むなかでともすれば地域社会は疲弊・衰退します。ましてや少子・高齢化の時代です。コミュニティに注目が集まるのは当然です。そこでどういうことになっているのか。そこで，CB・ソーシャルビジネス，地域通貨，ビットコインなどの問題を扱いました。MNC と地域経済が中心テーマである本書の視点のためです。この視点なしにいまや現代の世界経済や国際金融を語ることは難しいでしょう。

以下の指摘もそれぞれ重要です。まず，超国籍の地域組分けスキーム。

> 国際ビジネス（IB）研究では長く，MNC がどこに立地することを選ぶかのような現象を説明するためにモデルを構築する際に超国家的な地域要因の重要性が知られてきた。だが，同様の要因に基づく地域を定義するための基準はかなり区々であり，かくして地域組分けスキームが IB 研究モデルにより良く適合することに関する密かに傷つける合意の下で。対応して，「我々は以下のことを仮定するモデル構築のために比較地域スキーム評価の理論を発展させ実証的に有効にする」。すなわち，(1)スキームは類似性の源泉に基づいて分類されうる。また，(2)同じ類似性の階級内のスキームは，等級の接近と簡潔性に基づく構造的な隣接のために評価されうる。より良い構造的な一貫性を有するスキームはまた，IB 研究モデルとのより良い適合性をも示すだろう。「我々は，米系 MNC が世界中どこに操業を立地させるかを説明するのに使われる地域スキームの比較分析のための支持に証拠を提供している」。「我々のアプロー

チでは，同様の地域組分けスキームを比較し，MNC の立地選択モデルと他の IB 研究モデルに誂えられた『階級で最善の』スキームを確認するための基準が与えられている」(R. Flores, R. Aguilera, A. Mahdian and P. Vaaler, "How well do supranational regional grouping schemes fit international business research models?" [34])。

次に，BTC との関連で金融政策について。一見あまり関係ないように思われそうですが，およそ金融政策との関連なくして BTC について十分に論じることはできないと考えられます。

ある論文は米連邦準備への重要な警告である。M・キリーと J・ロバーツは「Fed が現在の 2% のインフレ目標を維持した自らの予測モデルを含む，主流派マクロ経済学のモデルをシミュレーションしている」。キリーとロバーツは，金利への有効な低境界（ELB）が将来の金融政策を大いに抑制するだろうことを見出す。経済は，ELB での金利をもって大部分の時間——多分 30% か 40%——を費やし，結果 1% か 2% 産出高の平均水準を低下させるだろう。これらの発見に動機づけられ，キリーとロバーツは ELB 問題を緩和したかも知れない政策提案を検討している。これらの提案には，Fed のインフレ目標と，ELB 逸話後に長期水準を産出高とインフレがオーバーシュートする「介入戦略」が含まれている。キリーとロバーツはこれらの戦略の費用と便益を分析し，一層の研究を求める（L. Ball and B. Bernanke 2017）[35]。

近年の FRB の金融政策にたいする批判の一つです。そもそも金融政策はアナウンスメント効果だけでなく，コミュニケーション（広報）活動によっても実体経済とかかわっていかなければならないと考えます。

第 4 章　CB/SB，NPO・地域通貨

　ここで人間行動の非合理性，限定合理性，利他主義，人間の絆，幸福度，コミュニティ，NPO，ソーシャルビジネス，市場と政府に非営利民間主体（中間的主体ないし第三セクターを指す）。を加えた三部門モデル（岡部光明）が注目されます。そして共有資源，社会関係資本，ガバナンス，徳倫理，エウダイモニア（良い人生），実践哲学など人間やコミュニティに目が向けられています。このことは，現代経済学の立場から告発されているところに意義があると思います。まさに経済学のなかでの，あるいは経済学との関連での「人間学」といえましょう。

［注］
1　温泉トラフグ（休眠資産の活用）。
2　2016 年 3 月（http://www.kanto.meti.go.jp/seisaku/community/data/2016jirei-seihonprint.pdf）。
3　平成 30 年 3 月（https://www.npo-homepage.go.jp/.../h29_houjin_houkoku.pdf）。
4　タンボン（Tambon）とは，いくつかの小村で構成されたタイの行政区（村）を意味している。
5　『高崎経済大論集』第 49 巻，第 3・4 合併号，2007 年（http://www1.tcue.ac.jp/home1/k-gakkai/ronsyuu/ronsyuukeisai/49_3.4/takei.pdf）
6　「アメリカにおけるローカルレベルの生活保障の仕組みの理解だけではなく，就労支援にかかわる日本国内の非営利組織の研究をより進展させることになるだろう」（「第 3 章コミュニティ・ベースド・オーガニゼーションによる就労支援を通じた生活保障――アドヴォカシーとサービス提供の両面に注目して」http://www.jil.go.jp/foreign/report/2014/pdf/2014_0527_03.pdf）
7　「NPO には多様な形態があるが，それを特徴づけるうえで最も重要なのは，非営利かつ非利潤分配の方針を採る組織である点にある。このため NPO は，市場あるいは政府によって適切に対応できない各種の問題（準公共財の供給等）に効率的に対応できる場合が多い」。「各種の社会問題を解決するに際しては，今後 NPO を積極的に位置づけてゆく必要がある。とくに日本では，NPO 部門の発達が先進諸国と対比して『途上国』にとどまっており，今後その拡大のための政策対応が必要である。また経済学においても，NPO を積極的に位置づける研究が期待される」。
8　国士舘大『経営論叢』創刊号，2012 年 3 月（http://homepage.koku shikan.ac.jp/thayashi/BOP1.pdf）。
9　RGT（TRUEQUE）。ちなみに，EU の共通通貨ユーロだってある種の地域通貨であるといえなくもない。ただし，ユーロにはヨーロッパの国際通貨という面もあ

[注]

る。しかも，かつて米ドルに代わって将来の国際通貨制度で重要な役割が期待されたこともある。その点，現在の中国人民元と似たところがあるように思われる。次の第6章参照。

10 アジア太平洋レビュー，2008年1月（https://www.keiho-u.ac.jp/research/pdf/review_2008-01.pdf）。

11 Israeli Apartheid?

12 https://fsm2016.org/.../RAPPORT_FSM2016_anglais.pdf

13 NPO法人コミュニティビジネスサポートセンター代表理事。

14 まとめとして，①新しい公共の担い手の系統を区分する，②それぞれの系統に準じた支援策を検討する，③ある程度の自由度＋ある程度目指すべき成果・モデルのパッケージ化を共存，④プレイヤーだけではなく，サポーター，コーディネーターの推進・支援も行う，という私見が述べられた。

15 "A Conceptual Framework for Social Business Process Management," International Conference on Knowledge Based and Intelligent Information and Engineering Systems, KES2017, 6-8 Sep. 2017, Marseille, France, *Procedia Computer Science*, 112 (2017): https://www.sciencedirect.com/pil…/1-s2.0-S1877050917315089-main.pdf.

16 社会の諸問題の解決を主目的としたコンピュータゲームのジャンル。

17 https://socialvalue.jp/

18 「IP接続による通信を，人の介在なしにローカルまたはグローバルに行うことができる識別可能なエッジデバイスからなるネットワークのネットワーク」(IDC)。主なプラットフォームには，パブリッククラウド大手の米アマゾン・ウェブ・サービスが提供する「AWS IoT」やビジネスソフトウェア大手の独SAPの「SAP Leonardo」，米GEの「Predix」などがある。日系ベンダーではファナックの「FIELD system」や日立製作所の「Lumada」などがある。その他，建設業に特化したIoTプラットフォームとしてコマツ，SAPジャパン，NTTドコモ，オプティムの4社共同による「LANDLOG」などもある。

19 別々のネットワーク同士で通信をし，データの効果や統合，同期などをシームレスに仲介する機器のこと。

20 インターネットデータセンター。

21 IoTデバイス　センサやアクチュエータ等が，動的拡張・有機的接続・自律協調・多様性をもつ。業界の方向としてはニューラルネットワークのハードウェアアクセラレーションへと進んでいるという。スマートデバイスのようにIPアドレスをもつものや，アドレスをもつセンサーから検知可能なRFIDタグをつけた商品，IPアドレスをもった機器に格納されたコンテンツのこと。マシンツーマシン／マネジメントのスマートメーターは良い例。「第1段階：見える化」「第2段階：制御」「第3段階：最適化・効率改善の自動化」となる。複数のフェーズがあり，第1段階ではモノ・人工物，第2段階では人・生物，第3段階ではデータ・プロセス，そして

103

第 4 段階ではあらゆるモノが接続されるといわれる。
22 AI 活用，倫理こそ要。人間自ら考え対話を（苗村健）。民主主義発展に貢献（林香里）。「手ぶら」で気軽に IoT—体の状態も自動で把握。腕時計型が市場けん引／ゲームから医療まで幅広く／スマート衣料で心電図もといわれる。
23 *The New School*, Costigan & Lindstrom, Connections QJ 15-2 (2016): http://dx.doi.org/10.11610/Connections.15.2.01; Geneva Centre for Security Policy.
24 2016.09.25 (https://www.lifehacker.jp/2016/09/160915m-pesa.html)．ケニアのGDPの4割がM-PESAで取り引きされている。M-PESAを使ってできること，M-PESAの簡単な口座開設が注目される。
25 Satoshi Nakamoto, "Bitcoin: A Peer-to-Peer Electronic Cash System" (Nov. 2008) から始まったといわれている。
26 L. Maftei, "Bitcoin – Between Legal and informal," CES Working Papers, 2014, VI-3 (https://econpapers.repec.org/RePEc: jes:...CESWP2014_VI3_ MAF.pdf).
27 通貨 「ビットコインは貨幣ではない」とフロリダの判事が裁定を下した。仮想通貨への判決は，マイアミ資金洗浄判例のなかの裁定でなされた。そしてそれは，BTC が州の刑法の下で「金融取引」ないし「貨幣手段」の定義に適うかどうかにかかっていた。

被告人の M・エスピノーザは，自分に，盗難されたクレジットカード会員を買うためにお金を使うと話した探偵に秘密調査に従事させるのにBTCの価値で1,500米ドルを不法に販売し洗浄することに課金されていた。

マイアミのデイド郡巡回裁判所判事のテレサ・M・プーラーは自分が経済学の専門家では毛頭ないと知っていたが，BTC は「それが貨幣と同等である前に行く長い方法を」持っていたのは明らかだと言っていた。

BTC は，普通貨幣として言及されるが，多くの重要な側面で異なるものと共通して，いくつか属性をもつかもしれない。BTCは「価値の項目」と交換されうるが，共通に使用される交換手段ではない。BTCは分散された制度でだ。それは中央準備のようないかなる中央当局もなく，BTCはいかなるものによっても保証されていない。去年，米国商品先物取引委員会は，「BTCと他のクリプトンカレンシーは金銀のような商品であると定義されるべきであり，管轄地域下に入るべきであると主張していた」("Bitcoin isn't money, says US judge," *The Australian*, July 27, 2016 (LexisNexis)).
28 "Bitcoin mania buoys IG," *The Daily Telegraph* (London), March 23, 2018 (LexisNexis ®).
29 Cboe グローバル・マーケッツは競争者より先に飛躍して世界中の CC グリップス投資家にたいする熱狂として BTC の先物取引を開始する世界で最初の取引所になりました。アナリストは，BTC をとり巻く有名な取引所による努力は機関投資家からの需要の増大を反映しており，BTC にもっと信頼性をあたえ価格をいっそう引き上げるだろうと言いました。先物取引所は月曜の夜，12月11日に香港時間

[注]

で午前7時からBTCの先物取引を申し出る予定であると述べました。取引は今月自由だったと思われます。動きには，18日にBTC先物の取引を開始するだろうという，シカゴ・マーカンタイル取引所（CME）の親会社であるCMEグループによる先週の公表が続きます。BTC「の前例のない金利を与件とすると，われわれが顧客に，彼らの見解を表しエクスポージャーをヘッジするのに役立つ取引手段を提供するのは決定的に重要だ」とCboeの会長兼代表取締役であるE・ティリーは言いました。「これを促すために，われわれはまず無料で先物取引を提示するだろう」。IGグロープのメルボルンのディーラーであるK・ハウエンシュタインは，どちらの取引所も同じマージンを示し1取引単位に5,000BTCの上限をもつと述べました。Cboeは，多分いっそうの流動性を引きだすことを期待して，BTCの取引を開始するためにCMEで出し抜きました。「これらの取引所が機関投資家からそれほど多くの需要をえつつあったという事実は，BTCにたいする需要は（いかなる時にも）すぐに低下していない」と彼は言いました。「実際，巨大なプレイヤーは市場に参加することに目を向けつつあるが，科学技術とカウンターパートリスクによって制限されてきた」。BTCの価格は11,000米ドルを上回り今年1,000％以上跳ねあがったとはいえ，一部の懐疑家は，デジタル通貨はいつか破裂するだろうバブルでありうると警告しました。現金で決済されるCboeのBTC先物は，デジタル通貨取引であるジェミニ信託からのオークション価格にもとづいたでしょう。CMEのBTC先物契約は4つのBTC取引所——ビットスタンプ，GDAX，itBitおよびクラーケン——にもとづく指数と反対に動いたでしょう。ハウエンシュタインは，先物は大会社を助けるだろうと述べました。「巨大なファンドないし機関は，それらの多くがアクセスしてCME／Cboeの先物契約を取引するとニュースを聞いて喜ぶだろう，（だから彼らは）容易にみずからのポートフォリオにBTCを加え（られた）」と彼は述べました。「これらの取引所で提供された流動性は，それらが莫大なポジションをうち立てられるようにもするだろう」。Oandaアジアパシフィックのために取引しているS・インネス主任は，「CMEの引受はウォール街で火をつけたと思われる」と述べました。強烈なメディアの取材もBTC競争を支えつつあり，それらはすばやく利益をうむ機会という投資家の理解の広まりを生じさせてきた。「それらは仲間を失いつつあるか，すばやく利潤をだす機会で損失を出すおそれを生じさせる」（"Cboe steals march on rival to launch bitcoin futures; Bourses keen to tap demand from institutional investors as prices for the digital currency soar," *South China Morning Post*, Dec. 6, 2017 (LexisNexis ®)）。

30 「ビットコインを徹底的に解説」（www.bitcoin.peryaudo.org/index.html）。
31 Google，ネット決済手段。
32 2ちゃんねる，日本発で現ブロックチェーン。
33 「モナコインの特徴，価格，買い方と今後の将来性｜ビットコインとアトミックスワップ！コミケでの利用も可能」2018/04/17（https://www.zerokarabitcoin.com/entry/mona#i）。

34 *Journal of International Business Studies*, 44-5, The Multinational in Geographic Space (June/July 2013): http://www.jstor.org/stable/23434157.
35 "Comments and Discussion," *Brookings Papers on Economic Activity*, Spring 2017: http://www.jstor.org/stable/90013176)「このコメントで，私は，キリーとロバーツの分析を拡張して補う3つの練習問題を出している」。すなわち，──キリーとロバーツのELBに打撃を与えるリスクについての結論を再強化する計算──最適インフレ目標のキリー・ロバーツ分析による拡張。「私は，より高い目標のケースを強化する産出高を最適水準以下で減少させるミクロ経済の歪曲を説明している」──キリーとロバーツが示唆する介入戦略の下での産出高とインフレのオーバーシュートの分析。「結果は，私をそのような戦略がELB問題を解決しただろうというのは疑わしいままにしている」。このシナリオは尤もらしいだろうか。Fedは6年間実際に金利をゼロに保ち失業率は2.1パーセントに低下したのだろうか。人びとはFedがこの政策を実行するだろうと信じたのだろうか。「私はそうは考えない」。大反対のショックに直面して，シャドー・レート戦略はELB問題に対する現実的な解決法ではない。より高いインフレ目標が必要だ（ローレンス・ボール）。

第 5 章

地域の国際化・グローバル化：
国際交流／「内なる国際化」のすすめ

　地方企業が海外進出したり，地域からの情報発信が求められたり，またインバウンド観光などが注目されたりするなか，地域の国際化やグローバル化は正念場に立たされています。本章ではこれを国際交流や「内なる国際化」の観点から見ていくことにしましょう。

はじめに：外国姉妹都市・港（国際交流）

　日本の都道府県で海外の姉妹都市については北海道に一番多く存在しています。北海道はアメリカのマサチューセッツ州，カナダのアルバータ州，中国の黒竜江省と姉妹都市協定をむすんでおり，札幌市は米オレゴン州ポートランド，独ミュンヘン，中国瀋陽，露ノボシビルスク，韓国の大田市と姉妹都市になっています。以下，函館（ハリファックス），苫小牧（ネーピア），釧路（ニューオーリンズ，バーナビー，ホルムスク），帯広（マディソン），芦別（シャーロットタウン）など。北海道には外国の市町村と姉妹都市になっている市町村が多く，さまざまな交流を行っています。また，九州一の福岡県は中国江蘇省，インドのデリー準州，タイのバンコク都，ベトナムのハノイ市，米国ハワイ州と姉妹州・都市になっており，福岡市は中国の広州市，韓国の釜山広域市，マレーシアのイポー，NZのオークランド

市，フランスのボルドー，米国アトランタ，オークランドと姉妹都市になっています。九州第二の熊本市にとっては中国蘇州市虎丘区，桂林市，蔚山市，フランスのエクサンプロヴァンス市，独ハイデルブルグ，米国ローム市，ブラジル・サンアントニオ，台湾高雄市が姉妹都市です。

さらに横浜港とヴァンクーヴァー港，神戸港とロッテルダム港，シアトル港，長崎港とサンディエゴ港は姉妹港です。また，新潟港とマニラ港ほかも国際姉妹港です。

ところで，アイヌ民族とオーストラリア先住民のアボリジニやカナダ先住民，少数民族などの交流があります。なぜそうなのでしょうか。たしかに，姉妹都市や姉妹港の提携には行政サイドの思惑もあります。しかし，国際交流はなによりも民間主体に行われなければならないと考えます。行政はあくまでもサポート役に留まる必要があるでしょう。また，韓国村（福岡），農業技術指導員（JICA帯広国際センター），ベトナム人研修生（釧路コールマイン）にも注目すべきです。

1. 地域活性化，まちおこし

北海道の夕張市は2006年に財政再建団体になりました。また，かつて「ふるさと創生資金」があり，一村一品運動が盛んでした。

近年は，ふるさと納税が注目されています。なかでも返礼品が特徴で，人気ランキングがあります。たとえば，熊本市，嬉野市（佐賀県），唐津，宗像市（福岡県），森町，紋別市，白老町（北海道）に人気があります。また，銚子，伊勢，松阪なども注目を集めています。北海道では上士幌町がかなり力を入れています。

また，最近長期滞在型や体験型の観光に関心が寄せられています。

移住計画やそのための準備，カヌーやホーストレッキング・農業体験などです。

ところで，キーワードになるのが2020年東京オリンピックの開催都市誘致でも注目された「おもてなし（ホスピタリティ）」です[1]。しかし，地域の歴史学習や特産品の知識向上がこれからますます重要になってくるでしょう。

旧商店街・繁華街の再開発

今や旧商店街はシャッター街といわれ，地方の繁華街は金曜日と土曜日の夜だけ人通りが多い。旧商店街や繁華街の再生のためには映画館や写真館，それに遊戯場（ボウリング場，ゲームセンターほか）などを現代風にリニューアルする必要があるように思われます。ただし，大都市圏のマネをするのは良くありません。まさに温故知新なのであって，地元の良いところを現代的に復活させることが重要でしょう。地方都市のルネサンスは簡単ではありませんが，そういうところに目を向けなければ所詮，できたとしても，一時的なものに終わってしまうと考えます。

エントロピーの増大，クールジャパン他

少し話がとびますが，里山資本主義（藻谷浩介），低炭素社会およびグリーンエコノミー（吉田文和『グリーンエコノミー 脱原発と温暖化対策の経済学』中公新書，2011年）などが注目されています。一時，バイオエタノール（デントコーン，木質パレットなど）がもてはやされました。エントロピーの増大にたいする警告ともいえます。

また，「コンパクトシティ」[2]やユビキタス社会も重要課題となっています。これは地産地消，6次産業化と関係しているように思われます。もともとはスローフード[3]の考え方からきているものです。

ところで，「ブリティッシュ・カウンシル」（英国文化振興会）[4]，

フルブライト（日米教育奨学金）やなどの留学プログラム。語学学習ではゲーテ学院，孔子学院[5] なども有名です。欧米先進国と新興国の（新旧世界の）面目躍如といったところでしょうか。

また，クールジャパンとは何でしょうか？ 要するにアニメ，まんが等の日本の大衆文化のことです。海外でとても人気があります。しかし，なによりも日本文化の外国での受容と自らの発信が不可欠でしょう。そして，本当の発信は国際交流のなかから生まれてくる（これは「内なる国際化」でもあるでしょう）ものと考えられますが，次にその基礎にある日本経済の国際化やグローバル化を見ておく必要があるでしょう。

2．近年の日本の地域企業による海外事業展開の動向

まず，ジェトロによれば[6]，① 貿易と海外進出の取組み，② 各国のビジネス環境，③ FTA の活用，④ 外国人の活用，⑤ デジタル技術の活用，⑥ CSR やサプライチェーンでの労働・安全衛生・環境に関する方針といった日本企業の海外事業展開にかんする動向について，アンケート調査[7] の回答企業のプロフィールで事業内容は，「製造業」約 55％（1,748 社），「非製造業」約 45％（1,447 社）となっています。業種別では，「商社・卸売」が約 21％（681 社）で最も多く，ついで「飲食料品」が 14％（446 社），「その他非製造業」がおよそ 7％（207 社）になります。「大企業」は約 19％（604 社），「中小企業」は約 81％（2,591 社）でした。資本金では「1 千万円超〜5 千万円以下」の企業が約 33％（1,058 社），従業員数では「6〜20 人」の企業が約 19％（612 社）で最も多い[8]。

海外に拠点がある企業は 47％（1,501 社）。大企業では約 81％（491 社），中小企業では 39％（1,010 社），製造業で 49％（857 社），非製

造業でおよそ 45％（644 社）です。特に自動車／同部品／その他輸送機器は，海外に拠点を持っている比率が約 78％（76 社）と高い。以下，精密機器約 74％（45 社），情報通信機械器具／電子部品・デバイス約 67％（42 社）と続きます。

　拠点は，中国が約 57％（853 社）で最も多く，以下タイ約 35％（519 社），米国約 31％（464 社）となります。また，機能別には「販売拠点」が約 65％（980 社）と最も多く，ついで「生産拠点」が約 49％（740 社）です。国・地域別では，中国には 565 社（海外に拠点を所有している企業の約 38％）が販売拠点を持ち，495 社（同 33％）が生産拠点を持ちます。米国には 366 社（同約 24％）が販売拠点，150 社（同 10.0％）が生産拠点を持っています。海外販売拠点がある企業の拠点所在国は，中国，米国，タイの順に高く，生産拠点のそれは中国，タイ，ベトナムの順となっています。「研究開発拠点」の所在国は中国，米国，タイの順となります。

　海外ビジネスを行っている企業の開始時期では，「1999 年以前」が 1,338 社（およそ 49％）で最も多く，ついで「2013 年以降」が 587 社（約 21％）となりました。大企業は 99 年以前が約 76％を占めた一方で，中小企業は 99 年以前（およそ 42％），13 年以降（約 25％），「2000〜08 年」（約 17％）と開始時期が分かれました。業種別では 99 年以前がほとんどですが，専門サービス（26 社，およそ 46％），通信・情報等（24 社，およそ 44％），その他の非製造業（54 社，およそ 43％），小売（38 社，およそ 40％）では 13 年以降（12 年末の円安への反転以降）が最も高くなっています。

　海外ビジネスによる経営への影響では，企業の売上高で「かなり向上／増加した」および「向上／増加した」と回答した企業の比率は約 65％に及びました。売上高への好影響を指摘する企業の比率は規模をとわず，最多となりました（大企業：76％，中小企業：62％）。一方，「変わらない」との回答が最も多かったのは「国内雇用者数」（お

第5章　地域の国際化・グローバル化：国際交流／「内なる国際化」のすすめ

図表5-1　主要国・地域間の資金の流れ（2011年第4四半期）

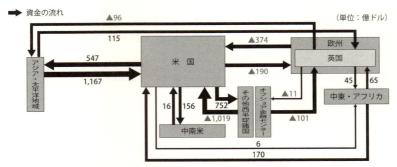

出所：「通商白書2012」第1-1-2-15図。

よそ62％）でした。海外ビジネスによる経営への影響を開始時期別にみると，売上高や「製品・サービスの生産能力」，「同品質」について，時期が早いほど「かなり向上／増加した」あるいは「向上／増加した」の比率が大きくなる傾向がみられました。他方，「デザイン・研究開発の能力」や「企業の国内雇用者数」は，海外ビジネスの開始時期によって傾向に差がほとんどみられません。

海外進出拡大方針をもつ企業（全体）のおよそ71％は国内事業も拡大を図ると回答し，進出を拡大する企業は国内事業も拡大する傾向がみられます。この比率は，大企業で約69％，中小企業では72.0％となりました[9]。

現在海外に拠点があり今後さらに進出の拡大を図ると回答した企業のうち，拡大を図る国・地域については，ベトナム（前年約34％→38％）が3年連続で増加して2位に上昇。中国（同およそ52％→49％）は引きつづき首位を維持しました。主要国・地域で拡大を図る国・地域としては，ASEAN6（約69％）が中国（およそ49％）を6年連続で上まわりました。ASEAN6のなかでは，ベトナムは非製造業，フィリピンは製造業の事業拡大意欲の増加が目だつ一方，タイやインドネシアでは拡大意欲の鈍化が続きました。タイ（前年

2. 近年の日本の地域企業による海外事業展開の動向

約39%→37%, 3位), インドネシア (同27%→25%, 5位), シンガポール (同およそ18%→17%, 9位), マレーシア (同およそ15%→14%, 10位) は減少。また米国は製造業の拡大意欲が縮小しました。メキシコは特に製造業の意欲低下がつづきました。拡大を図る機能としては, 販売機能の強化をはかる方針の企業が約83%と引きつづき高水準。拡大意欲を機能別にみると, 販売機能を拡大する国・地域としてはベトナムが2年連続で順位を上げました (前々年5位→前年4位→3位)。汎用品の生産 (前年3位→2位), 新製品開発 (同5位→3位) でも順位上げをしました[10]。

内外で拡大を図る機能をくらべると, 生産 (高付加価値品), 研究開発 (新製品開発) で国内での拡大意欲が海外を上回りました。特に, 研究開発では内外で大きな差がみられ, 前回調査と比べ差が少し大きくなっています。

海外拠点の再編, 海外への生産機能などの移管, あるいは日本への移管のいずれかを過去数年の間に行ったか, また今後数年の間に行う予定かどうかについては, 実施済み／実施予定の企業は約20%, 「過去2～3年の間に実施せず／今後2～3年以内に実施予定なし」がおよそ70%でした。業種別では, 過去2～3年の間に実施済みでは, 情報通信機械器具等で27%, 自動車等で約21%となりました。実施予定では化学でおよそ19%。内外拠点の再編を過去数年の間に行ったあるいは今後行う予定であるを合わせた再編件数全体 (690件) でみると, 移管元では日本が全体の約37%を占めました。拠点・機能の移管先では, 中国が約14%で1位と。ついでベトナム (約12%), タイ (8%), 日本 (約7%) が続きました。また, 移管元からの再編パターンでもっとも件数が多かったのが日本からベトナムへの拠点・機能の再編 (46件) で, ついで中国の国内拠点間 (43件), 日本から中国 (42件), タイ (30件) など, 日本, 中国, ASEANが再編の軸となりました。

第5章　地域の国際化・グローバル化：国際交流／「内なる国際化」のすすめ

　今後の中国事業展開（貿易，業務委託，技術提携，直接投資）については，既存事業の「拡充」，新規事業を「検討する」と回答した企業は約48％と前年並み（およそ49％）がつづき，事業規模を「維持」（およそ16％），「縮小，撤退」（およそ4％）とつづきました。一方，「まだ分からない」と回答した企業は前年調査の約30％から32％に増加，日本企業の対中ビジネスへの姿勢は引きつづき様子見の状態がつづいています。事業の拡充，新規を検討する企業の比率は，大企業が約63％と2年連続で増加，縮小，撤廃を検討する企業は前年のおよそ4％から2％に縮小しました。一方，中小企業では中国ビジネスを拡充，新規を検討する企業の比率は横ばい（前年45.0％→44.6％）となりました。

　対中ビジネスを拡充・維持する理由については，「市場規模，成長性」（およそ73％）が引きつづき最大で，「中国人の所得向上に伴うニーズの変化」（約31％），「事業が確立し軌道に乗っている」（約25％）がつづきました。業種別では，石油・石炭製品／プラスチック／ゴム製品，繊維・織物等，精密機器では「生産コストなど製造面での優位性」，通信・情報・ソフトウェアでは「優秀な人材を採用しやすい」を挙げる企業の比率も高かった[11]。

　海外拠点をもつ企業のうち，約7割（68％）が現地人材の幹部登用を行います。今後検討する企業とあわせると，約75％が現地人材登用の意向をもちます。海外で幹部登用している企業では「事務系の部課長級」に登用する割合（79％）がもっとも高い。ついで技術系が約50％，取締役が約40％。大企業では事務系との回答が8割を超えています。海外で現地人材を幹部登用している，あるいは登用を検討している企業では，「対外交渉力向上」（およそ58％）をメリットに挙げる企業が最多でした。大企業では対外交渉力の向上（約65％），「現地採用社員のモチベーションの向上」（約62％），「経営の現地化への布石」（およそ59％）の順で高く，中小企業では対外交渉力の向

上（およそ53％），「販路の拡大」（およそ50％），モチベーションの向上（およそ42％）の順[12]。

海外拠点で今後，中長期的に現地人材登用需要が高まると見こまれる職種については，事務系と回答した企業が最多の約68％となりました。同割合は大企業で約82％に及びます。企業規模別にみると，取締役，技術系への登用でも，大企業と中小企業の回答率の差が大きい。登用ニーズが高まると見こまれる職種をおもな海外拠点別にみると，ASEAN6と中国では事務系，技術系の順。一方，米国では事務系についで取締役が多く，とくに大企業がおよそ59％と高かった。

CSRに関する方針の策定について，「している」企業は約34％でした。「していないが，検討している」企業（およそ32％）を含めると，策定または検討している企業は約66％にのぼります。大企業は約77％の企業が「策定している」と回答。中小企業では同およそ24％と企業規模による差が大きい。業種別では，「している」企業は金融・保険（およそ69％），自動車等（およそ59％），情報通信機械器具等（およそ59％）などで高い。「していないが，検討している」とする企業では，小売（およそ41％）で同比率が高い[13]。

調達先への労働と安全衛生と環境に関する方針の有無について，「方針を有し，調達先に準拠を求めている」企業は約20％で，「有しているが，準拠は求めていない」（およそ17％）を含めると，およそ37％の企業が方針をもっています。大企業は43％の企業が「方針を有し，準拠を求めている」と回答。中小企業では同およそ15％と企業規模による差が大きい。業種別では，方針を有し，準拠を求めている企業は自動車等（およそ41％），情報通信機械器具等（およそ38％），建設（およそ37％）などで高い。

方針への準拠を求めていると回答した調達先については，国内に求めている（およそ87％）がもっとも多い。海外に求めているのは大企業でおよそ52％と高い割合となっています。業種別では，木材・

木製品等（80％），繊維・織物等（およそ73％），自動車等（60.0％），専門サービス（およそ54％），商社・卸売（およそ52％）で多い。

　労働・安全衛生・環境に関する顧客方針への「準拠を求められたことがある」企業が約42％で，「ない」と回答した企業は約47％でした（どちらの回答比率も，前回調査とほぼ同じ）。また，情報通信機械器具等（およそ80％），自動車等（およそ66％），化学（およそ65％）などで高い[14]。

　日本企業ばかりではありませんが，海外事業活動への期待は業種によってはえてして盛んです。しかし，地域によっては，必ずしもそうではありません。ここに地域産業社会の国際化・グローバル化の難しさがあると考えられます。

3. 地方企業の国際化・グローバル化

(1) 北海道企業

　道内企業の海外進出先では中国東北部が注目されています。ニトリ，雪印メグミルク，カンディハウス（旭川家具），丸千代山岡家（ラーメン）であり，北海道銀行，北洋銀行が中国大連やロシア・サハリンに駐在員事務所を持っています。また，台湾，ベトナムほかも注目されています[15]。

　海外拠点数（2015年2〜3月）では北東アジア（中国51　台湾14　香港10　韓国6　モンゴル2　小計）83　東南アジア（タイ13　シンガポール10　マレーシア7　ベトナム7　インドネシア6　フィリピン3　ミャンマー1　カンボジア1　小計）48　南西アジア（インド1　小計）1　オセアニア（オーストラリア3　小計）3　北米（米国18　カナダ2　小計）20　中南米（メキシコ2　ドミニカ1　小計）3

3. 地方企業の国際化・グローバル化

図表 5-2　海外拠点数の推移

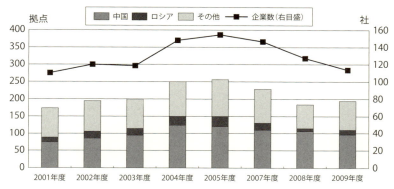

＊ 2006 年度は集計時期相違により未計上。
注：海外拠点とは，現地法人，事務所，委託生産，その他の進出によるもの。
出所：JETRO 北海道の企業アンケート調査結果より。

欧州（ドイツ 3　フランス 1　ハンガリー 1　小計）5　ロシア CIS（ロシア 11　カザフスタン 1　小計）12　中東（UAE 1　小計）1 で，総計 176 となっています[16]。

　海外ビジネスの実績がある道内企業および海外ビジネスに関心のある道内企業を中心に約 2,000 社（本社：北海道）にたいし，海外ビジネスへの取り組みに関するアンケート調査（海外事業展開実態調査）をジェトロが実施しました（有効回答数 535 社，回答率 26.8％）。それによると，道内企業においては国内市場を重視する企業や輸入に取りくむ企業が多い一方，輸出や海外進出に向けた意欲は拡大基調にあります。今後の有望市場としては ASEAN 地域が高い比率を示したほか，ロシアへの関心が高いことも示されています（JETRO 北海道貿易情報センター「道内企業の海外事業展開実態調査（2014 年 2 月～3 月）」[17]）。

第5章 地域の国際化・グローバル化：国際交流／「内なる国際化」のすすめ

図表5-3 海外進出状況（2010年）

進出先	会社名	業種	所在地	進出年	進出形態
〈アジア・極東〉[1]					
中国・上海	ナラサキ産業	商社	札幌	2006年	現地法人[2]（単独）
上海	ニトリ	流通（卸・小売）	札幌	2004年	現法[3]（単独）
上海	北洋銀行[4]	その他	札幌	2005年	駐在員事務所
上海	雪印乳業	製造業	札幌	1997年	現法（単独）
香港	カナモト	その他	札幌	2009年	現法[5]（単独）
香港	雪印乳業	製造業	札幌	1992年	現法（単独）
瀋陽	北海道銀行	その他	札幌	2006年	事務所
大連	北洋銀行	その他	札幌	2005年	事務所
インド	ニトリ	卸・小売	札幌	2008年	現法（単独）
タイ・バンコク	ニトリ	流通（卸・小売）	札幌	1999年	現法（単独）
バンコク	雪印乳業	製造業	札幌	1993年	現法（単独）
マレーシア・クアラルンプール	ニトリ	流通（卸・小売）	札幌	2003年	現法（単独）
ロシア・サハリン州	北洋銀行	その他	札幌	2001年	その他
サハリン州ユジノサハリンスク	北海道銀行[6]	その他	札幌	2009年	事務所
〈北米〉					
米国・加州・テメキュラ	セイコーマート	流通（卸・小売）	札幌	1996年	現法[7]（単独）
カナダ・BC州	㈲Bb Wood HOKKAIDO[8]	商社	北斗市	2004年	現法（単独）
BC州ヴァンクーヴァー	ノース・フォーレスト㈲	その他	札幌	1988年	現法（単独）
NS州ダートマス	丸恭水産[9]	製造業	苫小牧	1993年	委託生産
〈欧州〉					
仏国パリ	雪印乳業	製造業	札幌	2005年	事務所
〈豪州〉					
オーストラリア・メルボルン	雪印乳業	製造業	札幌	1992年	現法（単独）

注：1）旭川の企業のモンゴル進出も見られる。『北海道新聞』2011年7月29日朝刊参照。
2）悠禧貿易（上海）有限公司。2月の設立である。
3）平湖物流センター。シンガポールに現地法人 N. T. SINGAPORE PTE, LTD. を設立した（1989年）。ハノイにマルミツベトナム工場着工，テスト生産開始（2003, 2004年）。中国・恵州に物流センター着工（2006年）。上海に物流センター着工（2007年）。初の海外出店として台湾・高雄にオープン（2007年）。
4）北洋銀行においては，道内取引先に対して，中国を中心とした海外展開に必要なノウハウ，資金，人材等の面で支援体制を構築している。これにより取引先のさまざまな段階におけるニーズに合わせたサービスの提供が可能となっている。
5）香港（金本）有限公司。他に，海外初進出となる上海金和源設備租賃有限公司を設立（2006年）。SJ Rental, Inc.（グアム）を子会社化（2008年）。
6）道銀においては，インフラ整備が進められている極東ロシアに特に着目し，現地事務所を開設して進出企業のサポート等を行っている。寒冷地技術などの道内企業の強みを活かした支援に重点を置いている（道財務局）。
7）Seico International Trading Co., Ltd.
8）㈲テーエス斉藤建設のグループ企業。木材輸出入，販売。
9）ウニほかの販売。
出所：「道内の海外企業進出リスト（ジェトロ北海道調べ）」2010年3月現在（https://www.jetro.go.jp/jetro/japan/hokkaido/company/sinsyutsu2010.pdf）。

(2) 九州企業

まず，一極集中構造は北海道と変わりありません（自動車[18]・電子部品工業，IT産業が目だちます）。「北東アジア」経済圏（中国・韓国），熊本城，ハウステンボス（長崎），温泉（別府，由布院など）が有名です。また，福岡国際空港，長崎－大連，鹿児島－那覇，福岡－プサン航路（フェリー）もあります。

「輸入額」を除く5項目（「輸出額」「海外進出企業件数」「外国人入国者数」「国際航空路線数」「姉妹提携自治体数」）について，九州の「アジア度」は全国よりも高く，九州経済とアジアとの結びつきの強さがうかがえます。まず，外資系企業（支店等含む）の九州への進出企業数は，2014年時点で440社であり，福岡県が303社と最も多く，ついで熊本県，鹿児島県となっています。主に，米国199社，ドイツ59社，フランス35社，スイス，韓国22社の順。10年以降の進出企業についても，米国やヨーロッパ，韓国からの進出が多い。また，九州へのクルーズ船の寄港数は，近年増加傾向にあり，16年は九州全体で715回と，15年の497回から4割強と大きく増加しました。なお，博多港および長崎港については，16年に引きつづき，クルーズ船の寄港数が全国1位，2位となりました（経産省九州経産局「九州経済国際化データ2017（概要版）」[19]）。

なお，九州の貿易収支は2年連続の黒字，九州企業の海外進出はアジアが約8割，九州への入国外国人数2年連続200万人超え，九州の外国人労働者数約6万人，九州の留学生数過去最高でした（経産省九州経産局「九州経済国際化データ2017ポイント」[20]）。

第5章　地域の国際化・グローバル化：国際交流／「内なる国際化」のすすめ

4. MNCと地域経済，地方創生

　MNCと地域経済の関係では何よりも「埋め込みの力」（安室憲一）がクローズアップされてきています。そこでは，要するに，地域資金循環やモノづくりに注目が集まっています。ドイツやイタリアの各地域と中小企業の生産ネットワークが摘出され，技術力の集積が明らかにされました。また，ICTアウトソーシングでは標準化やデジタル化が可能な全情報がパッケージ化・モジュール化され，アウトソースの対象になります。しかし，世界はフラットではなく，かなり「でこぼこ」した場所であることが判明しています。山あり谷ありの起伏に富んだ複雑な地形が新しいビジネスの地平として拡大します。

　ところで，ボーン・グローバル・カンパニー（BGC）として，カナダの演劇集団シルク・ドゥ・ソレイユの創造性には目をみはるものがあるといわれます。いわゆるブルーオーシャン戦略です。BGCとは創業と同時または2・3年以内に国際事業を展開する企業のことです。要するに，ローカルの「埋め込み」の力＝ビジネス生態系の相互的な発展の仕組みです。BGCの成長が，自らが地域のビジネス生態系に資源をつぎ込み，苗床を肥沃にすることで自らが成長するという恩恵を得るような仕組みのことです。

　MNCと中小企業のローカル・ネットワークの連結では，大企業と中小企業の垂直統合や中小企業による自己組織的ネットワークが例証されます。リーン生産方式への転換と下請依存や機能・製品ラインによる中小・零細企業の協働化と集約化の成功例といえます。また，ものづくりのあり方と立地選択の関係では，とくに日本の自動車産業は米国で労働組合を回避するために従来は工業過疎地と考えられていたケンタッキー州などに「田園立地」を積極的に選んだことが指摘されています。日本企業の対米進出は想像以上に多様化していますが，こ

れは日本的な製造方法——「インテグラル」なモノづくりから外部資源を活用した「ディファレンシャル」なモノづくりに変化したことによります。つまり，日本の製造企業における製造技術の原型の変化と，それにもとづくマネジメント技術の多様化が，立地選択に影響が大きいのです。

さて，「フリースタンディング型インベスター」としての日本の総合商社も注目され，中間財市場の組織化や技術の標準化がクローズアップされます。サービス多国籍業の史的・理論的な研究という豊饒な地へわれわれを誘っているというのです。最後に，2008年の世界的な金融危機からの教訓としては，次のような内容が引きだされています。金融制度の再構築が必要であり，未来の製造業は，未来の金融業，すなわち知的で節度をわきまえたバンカーが経営する商業銀行（グラミン銀行など）と，調和的なパートナーシップを結ぶことになるだろうと述べています。これらの点からMNCの新理論が生まれるかもしれないとされました。

国際比較の視点

私としては国際比較の視点を薦めます。北欧では福祉，科学，教育，情報。カナダでは環境，ICT・先端産業，IMAX（映画）およびサーカスあるいはダンス（上のシルクが代表です）。韓国では歴史と伝統，抵抗文学，ハイテク産業。また，台湾では農業・漁業，OEM，南方民族および先住民文化を日本の参考にする。そうした視点が是非とも必要であると私は提案したいと思います。

中堅・中小企業の海外戦略では，輸出先行，国内重視・販路拡大が特徴になっています（経産省・ジェトロ）。また，「グローバルな立地戦略／リスクマネジメントの視点／国際戦略策定のポイント」[21]が重要です（櫻井敬三ほか『成功に導く中小製造企業のアジア戦略』文眞堂，2017年）。

第 5 章　地域の国際化・グローバル化：国際交流／「内なる国際化」のすすめ

　ここで，オーストラリアやアフリカなど外国の地域・地方についても触れておきましょう。グローバル化とローカル化のせめぎ合いはどうなっているのでしょうか。

オーストラリア原住民と鉱業

　「この論文が完成されるとき，オーストラリアは世界金融危機やそれと関連した世界的な経済の後退の只中にある」。これらの出来事は，想像されたが，鉱業が持続可能な「内発的な」発展を報奨する際に演じることがあった役割をなお批判的に考えることを刺激したかもしれない。「だが鉱業と密接に結び付けられた開発の小道の様なものが必然的に伴うリスクについての健全な懐疑主義は殆ど明白でないように思われる」。

　Rudd 内閣は，次の 10 年間で雇用格差を半減することを基本目標の一つにして，「格差をなくす」鍵となる原住民問題の政策の焦点とした。鉱山経済で，遠くで生活している「原住民の」人々のより大きな関わりが次の 10 年間に 10 万の新しい仕事を必要とするこの目的の中心の枝と見なされているのは疑いない。

　オーストラリア雇用盟約は，鉱業王アンドリュー・フォレストの発明品であるというのは恐らく全く偶然の一致ではない。マクリン大臣がいかに「原住民の」人々がそのような支払いが十分か公正かという問題——たぶん決定的に重要な政治経済問題——になんら関わることなく地域社会の便益にもとづいた協定の支払いを費やすべきか，もしくは伝統的な土地所有者はより広範な地域社会の便益のために彼らの土地にたいする損害のために交渉される補償支払いを分離するよう求められるべきかどうかに主に焦点を合わせているのも何ら驚きではない——だが，最初で注記されたように，いくらか絶望的だ。これらは，原住民問題の政策論議で長い歴史のある問題である（J. Altman 2009）[22]。

4. MNCと地域経済,地方創生

　以下の論文では,日系MNEの外国子会社の立地決定を説明する要因が調べられました。その結果では,これらの決定の地域効果の存在が示唆されています。実際,続いて起こる国レベルの立地決定は,国での以前の参入と退出にくわえて,この国の大陸地域での会社の以前の参入と退出に著しく関連していることが分かりました。

> 　いかに地理的な地域が外国子会社の立地決定で重要かを測定する際に,論文はリージョナル化と半グローバル化についての討論に実証的に貢献している。われわれの結果はそのようなアプローチを確証し,受入国の次元やグローバルな次元にくわえて,外国子会社の立地決定のための地域次元を提出している。企業の国際戦略は国毎の偏向だけでなく世界レベルでも設定される。地方と世界の要因の媒介として,地域の考慮が重要な役割を演じる。それらによって,研究で検討される6つ地理的な地域[23]は日系MNEの外国子会社戦略で重要であるということが示されている。これらの企業は国レベルでの決定を補完する地域的な見通しを採用している。子会社を現地化する際に,企業は両方のレベルで集積の便益と費用を考慮し,同じ地域の国々の間で裁定の決定もする。これらの結果から,地理的な地域の役割が確認されている (J.-L. Arregle, P. Beamish and L. Hébert 2009)[24] (バックレイとカッソンはMNC論で一世を風靡した学者です)。

　アフリカ経済では事態はどうなっているのでしょう[25]。

アフリカ経済
　アフリカにおけるグローバル化の国家の能力に対する影響が検討されている。また,アフリカで有能な国家を樹立するのに,とりわけ決定的な要因としてグローバル化が問題にされている。類型化お

よび文脈化ないし歴史化を必要とするが，複雑な一連の相互に連結された多線形の（単線形でない）プロセス，新市場を探求した金融資本の超国籍化，および資本蓄積の論理によって推進され，また典型的には構造的な差別化と中心国と従属国ないし衛星国，人々および市場との不平等な機能上の統合に特徴づけられる多面的で対話の，なお捉えられない歴史に言及するためにグローバル化が使われている。国家の能力は，国内総生産ないし国民所得データの両方を含み求めるとはいえ，計量的にも統計的にも限定されない計算の人的および物理的な，資源の能力構築ないしは能力の向上として狭くも包括的にも使われていない。それを使うことは，アフリカにおける持続可能なベースでの国家の能力を拡張し統合するために重要な条件と同じように，民主的で，開放的で，参加型で，社会的に包括的な政治制度が想定されている（L. A. Jinadu 2008)[26]。

グローバル化のなかアフリカにとっては特に国家の統治能力が問われているわけです。次に，中国の技術革新システムの話です。

　一部の混乱を起こさせる新傾向は，効率的で影響力のある R&D や技術革新システムを世界レベルで競争するのになおいっそう適切なものにする新しい科学技術の出現をともなって表れつつある。こうした背景にたいして，研究では，産出変数として投入変数と，「R&D と関連する事業活動の付加価値製造業輸出に対する寄与」として「対 GDP 比の R&D 支出」を使って，中国の科学技術システムの有効性が測られようとしています。OECD-WTO・TiVA[27] のデータベースでの 59 カ国のサンプルに基づき，回帰分析の結果では 2 変数の間で重大で正の相関係数が示されています。事実の発見は，この分野での他の実証的で質的な研究で補完されてもいます。全般的な発見では，中国は，他の多くの国々と比べられる技術革新

システムのなかで重大な効率性と有効性を達成したことが示されています。事実，2009 年以来，効率性は加速してきました。しかし，それはまだ主要な世界的大選手に遅れています。このことは，中国がまだ増加する R&D や科学技術上の革新での投入財を同一基準の産出物につくり変えようとして改善するためにいくつかの余地を残していることを意味する。この状況にはその技術革新のエコシステムでのいっそうの改善が求められている（Douglas Z. Zeng 2017）[28]。

中国にとって何よりも環境対策が課題であるということです。

多国籍性と R&D・投資家について

1) 多国籍性は R&D に投資する高い誘因をつうじて生産性に直接・間接的に影響を及ぼす，2) 多国籍性の深さと広さ[29]は生産性と R&D に異なる直接効果をもつ。両方とも R&D と生産性の等式をもつ計量モデル[30]を提案。ⅰ) 多国籍性の深度は生産性に正の効果あるが，多国籍性の範囲の効果は負，ⅱ) 多国籍性（両方向での）は R&D の強度に正の効果（生産性にたいする正の効果に翻訳される）をもつ，ⅲ) 正の間接効果は多国籍性の範囲の負の直接効果を補完するほど大きくない（D. Castellani, S. Montresor, T. Schubert and A. Veszzan 2017）[31]。

ハンガリー

ヨーロッパではどういうことになっていたのでしょう。ここでは移行経済圏のハンガリーの場合を取りあげました。ハンガリーは EEC で FDI にまで開放する最初の国でした。

社会主義期からの遺産により，また経済的政治的な環境により一

部そうすることを余儀なくされた。同国は 1970 年代にすでに法的な枠組，80 年代末に規制枠組を樹立しはじめていた。国は外国人に会社を大規模に売却することで民営化を始めた最初の国だった。国内の資本蓄積は最低限であり，こうして経済の変化と成長の背後の主な駆動力は FDI だった。国は，ますます透明で規範的になり，次第に内外同じくあらゆる投資家に対等の待遇を与えた FDI 政策を運営していた。インセンティブの政策はしだいに複雑になり，政府の優先順位をおおいに反映していた。それは，同国でより複雑な業務を始める投資家に狙いをつけようとした。すぐに，期待されるよりも少ないリンクや関連会社の地方経済との関係から認識は現れた。それが地方経済への MNC の潜在的に有益な影響の具体化を隠した。同国の FDI 政策は非常に早くこの問題をさまざまな供給業者計画で表わそうとしていた。量では FDI 政策は成功と評価される。一方，関連会社の地方への埋め込み性のレベルでは目的に達しなかった（K. Antalóczy, M. Sass and M. Szanyi 2011）[32]。

MNC による文化支配

グローバル化の時代，われわれの社会は前例のない変化の過程にある。グローバルな要因が地方の価値と文化に同様に影響してきた。大衆文化はまた新しい変化の影響の下にもある。ローカルなこととグローバルなことの線が曖昧になりつつある。新しい出来事の影響を無視できる国はない。われわれの日常生活のなかのグローバル化の影響は深刻だ。それは機会も脅威も生じさせる。こうした新しい文脈のなかで，大学の役割は非常に重要である。大学はこれらの新しい要因に参加し適切な戦略を発展させるべきである。われわれの普遍的な企画と地方のそれの間で正しい均衡を見いだすことは挑戦的な仕事だ。適切に行動するなら，われわれは自らの社会のサービスでこうした新しい状況を活用できる（H. Hosseini

2010)[33]。

アジアでの大衆文化を例にとったグローバル化，リージョナル化，ローカル化が MNC による文化支配とからめて述べられています。現代のグローバル企業は地域の伝統文化を無視しては活動できないということでしょう。いわゆる現地化の進展，MNC の転身・グローバル化の深化であるわけです。

子会社の衝撃吸収力・知識移転

MNC 内での子会社の衝撃吸収力と知識移転に関する現存の文献を検討する，これらの構成物間の関係についての将来の研究のための予定表では，動機は子会社の吸収力と MNC の知識移転の適切な要因として考えられるべきであり，将来の研究は MNC 本社の選択と知識移転に関する子会社のそれらとの間の明白な区別をなすべきである。より包括的で，多数の水準の動態的な子会社の吸収力と MNC の知識移転のモデルが将来の研究で発展させられると提案されている（J. Song 2014)[34]。

GC について

最後に，グローバル・シティ（GC）について。多国籍企業（MNE）を GC に向かって，あるいはそれから離れて推進する要因を検討するために，経済地理学者によって引き出された立地の概念が MNE の理論や国際経営学者によって発展させられた外国性の責任[35]と結びつけられている。まず GC の 3 つの明白な特徴——グローバルな相互結合性，コスモポリタニズム・先進生産者のサービス——が，MNE が海外で事業をする費用を克服するのに役立つことが論じられ，また企業と結びついたこれらの特徴は最も強い影響を引き出すことに起因する付随的な事柄が確認される。これらの議

第5章 地域の国際化・グローバル化：国際交流／「内なる国際化」のすすめ

論と一致して，複数レベルで多項式のモデルを使うMNEの立地決定の大標本に関する分析では，MNEはGC内に立地する強い性向を持つということばかりでなく，これらの選択は，投資の動因，資産所有力・事業戦略を含む企業レベルと子会社レベルの要因の微妙な相互作用と結びついているということも示唆されている。「研究はMNEの立地選択に新しい光を当てることにより国際経営学者にとって重要な洞察が与えられ，またGCの本質を形作るMNEの異質な戦略や能力——経済のグローバル化の主因——を検討することにより我々の経済地理学理解にも貢献がなされる」(A. Goerzen, C. Asmussen and B. Nielsen 2013)[36]。

MNCの立地選択論は経済地理学にも連なるものなのです[37]。

5. 小括

まず，外国人観光客誘致やインバウンド観光などが注目されています。本章ではそれらを検証するための前提として地域の国際化・グローバル化の現状をみてきました。最後に，いわゆるカジノ法案について触れておくことにしたいと思います。

IR＝カジノ推進法案とその是非

まず，国際観光産業振興議員連盟（通称カジノ議連）によって2016年12月にIR（統合型リゾート）推進法案が成立しました。観光施設の一部としてカジノのスペースを10分の1以下に限定，日本人の入場は年に数回〔依存症対策のため〕，5施設（候補）にとどめるというものです。もともとカジノは19世紀後半にモンテカルロで主に貴族（富裕層）のために開かれたものです。それが今ではラスベ

5. 小括

ガスをはじめ，香港・シンガポール・韓国で盛んになっています。欧米とは少し違って東・東南アジアで観光収入を当てこんで振興されてきました。しかし，各国で仕組みも同じではありません。いずれにしても平成30年度IR推進法案の立法化のための委員会採決は見送られましたが，政府は今会期中には成立させたい意向を示していました。

インバウンド観光

訪日外国人観光客が2,000万人を突破しました。しかし観光資源ばかりでなく，さらに深堀した歴史と文化をふくむ地域情報の発信が必要だと思います。

アニメ聖地巡礼，ふるさと再発見など　いま金沢，足助（岐阜）や飛騨高山，南砺（富山），奥州市，萩・山口市ほかが注目されているといいます。金沢市は加賀百万石の面影を残しています。萩近郊や県庁所在地の山口には松下村塾や瑠璃光寺があり，観光客で賑わっています。足助町は宮本常一の〈歩く・見る・聞く〉でも有名な所です。

さて，MNC・SME連結関係の創造は，「簡単でも自動的でも」ありません。受入国の科学技術上，構造的な発展の現在の水準がどの型の連結が最も適当であるかを決定します。だから，新興経済は国の発展段階に最も相応しい型の連結を形成するように思われる投資の型を確認し，その型の連結に対する障害は最小化されていることを確証する必要があります。実際，連結計画は決して同じでなく，地方の状態は際立っており，特有の状況に関する包括的な調査を求めています。連結計画は地域の特定のニーズを満たし，結果として発展を促すように企画されます。「ブラジルの広大さの故に地域的・準地域的なアプローチが必要とされている」（D. Botelho and M. Pfister 2011）[38]のです[39]。ブラジルでなくとも，国内の地域はさまざまでありニーズも多

様なのです。「内なる国際化」も困難ですが,だからこそ必要なのだと思います。

[注]
1 「モッタイナイ」(ワンガリ・マータイ) 精神と関連する。2006年の北海道洞爺湖サミットでも言われた。
2 青森市ほか。
3 イタリアの地方での運動が起源。
4 海外における英国文化の普及と英語教育の促進を目的とする英国の公的機関である。
5 中国共産党傘下のプロパガンダ機関。海外の大学などの教育機関と提携し,中国語や「中華思想」の教育および宣伝,中国との友好関係醸成を目的としている。
6 ジェトロ海外調査部国際経済課「2017年度日本企業の海外事業展開に関するアンケート調査〜JETRO海外ビジネス調査〜」2018年3月 (https://www.jetro.go.jp/ext_images/_Reports/01/1a4c649d0721464c/)。
7 ジェトロ・メンバーズ (会員制度への加入企業) を対象に2002年度に開始し,今年度で16回目となる。11年度からジェトロのサービスをこれまで利用したことがある,会員以外の企業にも協力を願っている。今年度は17年11月に,日本企業9,981社 (うち,会員企業3,437社,それ以外6,544社) に調査票を送付し,計3,195社 (有効回答率32.0%) から回答を得た。
8 「日本から輸出を行っている」企業は約72% (2,310社)。そのうち自社から「直接輸出」している企業は約56% (1,793社),「間接輸出」の企業は約49% (1,562社) となっている。企業規模別に見ると,輸出を行っている企業の割合は大企業で69.0% (417社),中小企業で約73% (1,893社)。製造業でおよそ85% (1,483社),非製造業で57% (827社) だった。輸出先の所在地は,中国が約59% (1,366社) で最も多く,以下台湾が52% (1,208社),米国がおよそ47% (1,095社) と続く。輸入を行っている企業1,705社の輸入先の所在地は,中国がおよそ66% (1,132社) で最多で,以下韓国がおよそ29% (489社),台湾が29% (488社),米国が26% (446社) となっている。
9 また国内事業展開の方針では,拡大を図る企業の割合が61.4%と,比較可能な2011年度以降ではじめて6割を超えた。大企業 (57%),中小企業 (62%) ともに拡大を図る企業が前年から増加し,中小企業では6割を超えた。通信・情報・ソフトウェア (77%),木材・木製品等 (73%),電気機械 (72%),医療品・化粧品 (71%) 等で国内事業拡大意欲が高い。

　今後 (3年程度) の輸出方針については,「さらに拡大を図る」と回答した企業が67.8%と高水準が続くものの2年連続で減少し,一服感が見られる。輸出拡大を図る企業は大企業で75%と前年から横這い,中小企業では66%とやや縮小した。

小売，一般機械等輸出拡大意欲が増加した業種もあるが，商社・卸売等の非製造業を中心に輸出は現状を維持する企業の比率が増加した。

「拡大を図る」企業の割合が 57.1％と依然として過半を超えるが，前年（61.4％）から減少した。大企業で 62％，中小企業では 56％が拡大を図ると回答した。医療品・化粧品（75％），窯業・土石（74％），繊維・織物／アパレル（73％），化学（66％）等で海外進出拡大意欲が高かった。

10　国内で事業拡大をはかると回答した企業の 84％が販売機能の拡大を図ると回答。ついで研究開発（新製品開発）で 49％，生産（高付加価値品）で 49％の企業が拡大を図ると回答した。その他を除く機能全てで，2011 年度以降の調査で最も高い割合となった。

11　国内拠点で「外国人を雇用している」企業の割合は 45％と，前年並みの水準を維持した。大企業の 73％が外国人社員を雇用する一方，中小企業は 39％に止まっている。

12　国内拠点では今後，幹部職層への人材ニーズも大企業を中心に高まる見通し。中長期的（5～10 年程度）に外国人材ニーズが高まると見込まれる職種では，幹部人材では事務系が 29％でもっとも多く，「研究開発職」（19％），技術系（16％），取締役（10％）と続いた。

13　方針を策定している（または検討している）企業に，CSR 方針として明示されている事項については，「適切な労働慣行・労働安全衛生の確保」（75％）がもっとも多く，「環境保全・保護への取り組み」（67％），「地域社会への配慮・参画」（61％）が続く。前回調査（2015 年度）から大きな変化は見られなかった。業種別で「環境保全・保護への取り組み」では，自動車等（94％），化学（87％），建設（78％）が高く，地域社会への配慮・参画では金融・保険（85％），「消費者の安全・情報保護」では医療品・化粧品（79％）の回答率が最大となるなど違いが見られた。

14　顧客先については，「国内の顧客（納入先）から準拠を求められたことがある」（88％）が最多。規模別には，海外から「求められたことがある」は大企業で 47％，中小企業（24％）と高い割合となっている。業種別では，医療品・化粧品（54％），化学（50％）で多い。

15　なお，「海外進出企業リスト　自社拠点で海外展開を行っている企業（現地法人，支店，駐在員事務所など）」(https://www.jetro.go.jp/jetro/japan/hokkaido/company/list_company_own2017c.pdf) も参照。

16　道内企業による海外進出企業数及び拠点数は，2002 年度までに，ともに似たような推移を示しており，96 年度をピークに一時落ち込むが，再び増加に転じ，最近は活発化していた（葛西・池田 2004）。また，北海道の海外進出企業は札幌中心から道央地域を中心に全道へと広範に広がっているが，旭川は木材・木製品，小樽，函館，釧路市，稚内は水産業といったように，地場産業の立地が多い地域から多く海外進出する傾向にあり，グローバル化の潮流は全道各地の中小企業にも確実に進展していた。さらに，米国を主とする先進国から中国を主とするアジア地域への進

出へ大きくシフトしているのが明瞭に表れており，激しい価格競争の中，コスト削減を図るために「安価な原材料の安定供給」，「安価で豊富な労働力の確保」を目的とした進出が多くなっていた。98年度から02年度の海外進出を概観すると，製造業では，道の主力産業である食品・農水産加工と木材・木製品関連が主体となっているが，全体では進出企業数はそれほどの増加は見られず，むしろ拠点数を拡大している傾向がある。一方，非製造業では全体としては増加しており，ソフトウェア関連は02年度こそ減少したが，建設関連を除けば，着実に海外での事業展開が行れている。

17 2014年8月 (https://www.jetro.go.jp/ext_images.jetro/japan/hokkaido/company/company2014.pdf)。

18 タイヤ（久留米），宇宙センター（種子島）等。また，芋焼酎（鹿児島），麦焼酎（大分），博多人形，久留米絣・大島紬，「大川家具」，博多ラーメン・長崎ちゃんぽん他。

19 2018年1月 (http://www.kyushu.meti.go.jp/report/1801_kokusai_data/2017gaiyo.pdf)。

20 2017point.pdf

21 (1)経営者のグローバル化対応のマインドセット，(2)進出目的・段階的な海外展開，(3)中国の内陸／辺境・メコン経済圏の検討，(4)人材の確保・育成，(5)リスクマネジメント視点の事業戦略の検討。

22 "Contestations over development," in J. Altman, D. Martin, Power, *Culture, Economy: Indigenous Australians and Mining*, ANU Press. 2009 (http://www.jstor.org/stable/j.ctt24h9wx.9)．なかでも開発をめぐる論争が重要です。少し長いですが，オーストラリア原住民と鉱業の関係を紹介したいと思います。

　まず，鉱業はオーストラリアの富に欠かせないものであり，原住民の資産が大陸の20％以上まで拡大したときにアボリジニ（原住民）の土地にますます探鉱が生じるでしょう。しかし開発の結果，何十年も今これらの帰結が原住民の，企業の国家の見通しから失望的だったというのは疑いないものと——狭義には主流の理念に，より広義には暮しにおかれる焦点と一致するものとして——定義されます。社会経済的な鉱業の影響に関していかに有力な研究がオーストラリアをめぐってなされてこなかったかは本当に驚くものでした。鉱業がもたらすべき便益について無数の「上意下達の」陳述がありますが，根拠のある原住民の考え方は報告途中か聞かれてないのです。また，鉱業を地域の原住民の発展の万能薬とみなす原住民の代表組織に圧力が高まりつつあります。

　しかし，3つの事例のうちですら，歴史に大いに影響される鉱業部門とかかわっているいくつかの明らかな変動，およびそのインパクト，地方の原住民政策と土地所有の性質，ならびに原住民の反応の多様性があります。これが今度は，伝統的な所有者ないし現地の財産所有権団体を地域に暮らす他の者たちから区別することで，オーストラリア人の土地の権利や現地の財産所有権法の条項（地域の原住民の多様性や政治的な対立を（予想として）生みだす際に決定的な役割を果たす）に

[注]

よって大いに形づくられてきました。

　この本では，鉱業は肯定的でも否定的でもある——アボリジニ所有の土地で鉱業が起こる状況ではいかなる特定の結果もない——が，むしろそれらは多様な見通しから3つの鉱山現場で何が起こったかを探究しはじめたということが仮定されていません。とはいえ鉱業が競争の場であり，しかも原住民の組織に権限が与えられ，周知のように，それ自体異なるかもしれない地方や地域の原住民の「鼓舞」に一致して，便益のある取極を交渉し管理する能力をもつ時に，いかに定義されようとも，開発が生じるだけだということは認識されます。これらの鼓舞は，あらゆる可能性で，さまざまでしょう。それですべてのアボリジニの人々が鉱山の場所で雇用機会を求めるわけでないでしょう。実際，いくつかの状況のなかで原住民は，国の将来の機会を高めるために収入を稼ごうとして現実に鉱業雇用を求めたかもしれません。他の状況で重い原住民の鉱山地の関わりがある大規模な長命の鉱山ですら，たとえ鉱業が持続可能な地域プロジェクトだったとしても，アボリジニの開発問題を解決する不十分な機会が生まれるでしょう。

　社会科学の展望から提出される重要な疑問は，危険すぎて多くの内的な主題の選好から分離されすぎた開発の経路——鉱山への集中された依存——を示す国家と鉱山会社の談合があるかどうかです。「現在の歴史的瞬間に，おそらく（現代世界とかけ離れた生活をしている）原住民に与えられた選択は新自由主義の顕著な論理に影響されすぎている」。つまり，個々の主題として主流と関わるか見うしなっています。そのような硬直した選択は，人々が彼らの土地で，現代的な多様性をもちますが，間文化的な嗜好にしたがって生きている持続可能な暮らしに不可欠です，他のより柔軟な選択と仲違いしているように見えます。「そのような選択肢のひとつは『経済の混合性』の感覚のなかに要約されている」。近代的であれ慣例によるものであれ，オーストラリアの公衆の知的な論議を非常に支配しており，しかも間文化的なニーズを無視する過度に単純化した選択は，根拠のある現実主義と，こんにち同国でめったに分節化されていない従属的な発展の言説のかかわりとの組合せによって挑戦をうける必要があります。

23　北米，ヨーロッパ，東アジア，南アジア，東南アジアおよび南米。
24　"The Regional Dimension of MNEs' Foreign Subsidiary Localization," *Journal of International Business Studies*, 40-1 (Jan., 2009): http://www.jstor.org/stable/25483362. その結果は将来のIB研究にとって決定的に重要な4つの含意を持つ。第1に，MNEの外国子会社を分析する研究者は自分たちのモデルや分析で地域的なレベルを加えるべきである。外国子会社や親会社でだけ働くことは，表7に例証されているように，外国子会社の活動の結果と我々の理解を偏らせるかも知れない，重要な中間のレベルを無視する。第2に，我々の結果は，不完全な地理的市場の統合に横たわっている，IB研究に対する「大質問」の存在と価値を支持している。第3に，それらは，MNEの対外投資の現地化戦略の理解に対する地理的次元の妥当性を示している。最後に，それらは，他のもので，IBで重大な問題群

第5章　地域の国際化・グローバル化：国際交流／「内なる国際化」のすすめ

を扱っている新しいモデル群を開発しテストするために多水準のモデルを使うことの価値に照明を当てている。これらの結果は，企業の国際戦略の地域次元で一層の研究を保証している。なかでも，実績の結果と同様に，こうした戦略の認識にたいする組織的な反応が調査されえた。IBの文献のなかで一地域の曖昧でなく一貫した定義がないとき，われわれ自身の分類はさらなる有効性を必要としている。さらなる研究でこれらの地域の一層正確な地図が提案され，我々自身の定義内で結果の質を比較しえた。他の潜在的な研究分野は，地域効果が非日系MNEで同じ役割を演じるかどうかを試すことだったと思われる。

25　アフリカでは多くの国が高いGDP成長率を維持しており，特にエチオピアでは新興国の中でも高い10％近い水準の成長率を維持している。また，一人当たりGDPも上昇傾向にある。近年は資源価格の下落等により，南アや資源価格下落で近年リスクが高まっているナイジェリア等の資源依存国では成長率が低下しているが，それ以外のケニア（TICAD Ⅵが開催され堅調な経済成長を続けている）やエチオピア等では依然として高いGDP成長率を維持している。他方で経済格差の問題を抱えており，アフリカの多くの国ではジニ係数が高止まりしている状況である。特に南アでは1993年のジニ係数は0.59であったが，2013年では0.63まで上がっており，格差は拡大している。ジニ係数の社会騒乱多発の警戒ラインは0.4であるとされているため，社会・経済の安定性が懸念材料として挙げられる。また，アフリカの多くの国では資源価格の下落によって，財政収支が悪化する傾向がある。特にナイジェリアは近年の価格下落によって急速に財政赤字が拡大しており，注視が必要である（World Investment Report 2017）。

26　"Globalization & State Capacity in Africa," Selected Papers of Beijing Forum 2008, *Procedia Social and Behavioral Sciences*, 41, 2010 (www.sciencedirect.com).「論文では，より広い汎アフリカの文脈の中でアフリカにおける国家の能力にとってのグローバル化の問題が位置づけられている」。歴史的にグローバル化は，政治・経済・文化の分野の影響を闡明し，共通の利害を守るために集団的に行動する能力を弱めつつ，アフリカ諸国を分断しバルカン化してきた。グローバル化の挑戦と機会に直面するアフリカ諸国による集団行動は，加盟国内で意思決定と公的な政治過程を民主化することで，さまざまな部門での国家の能力を高めるだろう線にそって，アフリカの地域経済共同体やアフリカ連合や新アフリカ開発連携を強化する新しい統治構造を求める。

　アフリカにおける国力の問題のある性格を『アフリカ諸国の構造的な状況の重大な問題』に属させつつ，「論文では，このことはアフリカにおける国力の問題の中心である，依存する政治的かつ社会経済的・心理文化的な構造，制度および過程の長引くないし残余の植民地的な生来を反映しているグローバル化やアフリカの国家の依存性から生じる矛盾のために著しくまた重大であると論じられている」。それらは，弁証法ないし二律背反，アフリカにおけるグローバル化とローカル化ないし現地化の高齢ないし歴史的に深い矛盾のプッシュ要因とプル要因を反映している。

[注]

論文では，これらの二律背反ないし矛盾を解決しつつ，以下のことを求めることが示唆されている。すなわち，
　(a) 相互関係や理解や互恵に基づいて，同時代のグローバル化を転形させ，アフリカおよび世界の発展やグローバルな社会正義や世界の所得再分配や経済的・社会文化的な権利やグローバルな包括や世界の民主主義を考えるためのアフリカ中心の認識論上の基礎を強調すること。
　(b) 地方の共同体の生活様式や社会組織に「適合する」ために，「適切な」科学技術の利用を強調し，それらから成長し，外部の専門家への依存の少なさを求め，いっそう地元の専門家を使うこと。
　(c) そのアフリカにとって否定的な含意を，グローバル化を改革し真にグローバルにする機会に変えながら，グローバル化に対応するアフリカの大陸と地域の機関の集団的な能力を強化するために国家の能力に対する新しい汎アフリカのアプローチを再デザインすること。
　(d) 独立独行の新しい様式を一般化し制度化する際に文化の積極的な役割に基づいて，民主主義と透明で民主的な統治を再概念化すること。

27　Trade in Value Added.
28　"Measuring the Effectiveness of the Chinese Innovation System: A Global Value Chain Approach," *IJIS*, 2017, 1 (1) (http://www.ijis.org.cn/).「論文では，より広い汎アフリカの文脈の中でアフリカにおける国家の能力にとってのグローバル化の問題が位置づけられている」。歴史的にグローバル化は，政治・経済・文化の分野の影響を闡明し，共通の利害を守るために集団的に行動する能力を弱めつつ，アフリカ諸国を分断しバルカン化してきた。グローバル化の挑戦と機会に直面するアフリカ諸国による集団行動は，加盟国内で意思決定と公的な政治過程を民主化することで，さまざまな部門での国家の能力を高めるだろう線にそって，アフリカの地域経済共同体やアフリカ連合や新アフリカ開発連携を強化する新しい統治構造を求める。
29　それぞれ多国籍的な活動のシェア，地理的分布で測られる。
30　2000人以上のトップのR&D投資家。SUR（見かけ上無関係な回帰）モデルを使う別々の回帰式。
31　"Multinationality, R&D and Productivity: Evidence from the Top R&D investors worldwide," *International Business Review*, 26, 2017 (www.elsevier.com/locate/ibusrev).
32　"Policies for attracting foreign direct investment and enhancing its spillovers to indigenous firms: The case of Hungary Chapter," in E. Rugraff, Michael W. Hansen eds., *Multinational Corporations and Local Firms in Emerging Economies*, Amsterdam UP, 2011 (http://www.jstor.org/stable/j.ctt46n0w0.10).
33　"Selected Papers of Beijing Forum 2005 Popular Culture in Asia: Globalization, Regionalization, and Localization," *Procedia Social and Behavioral Sciences*, 2,

2010 (www.sciencedirect.com).

大衆文化と新しい変化　グローバルな諸要因は製品と結びついた，真実であれ虚偽であれ思想や着想を生み，地方の価値と文化に影響する。大衆文化は毎日の相互作用やニーズや欲望によって決定される。多くの国で地方文化は後景に退き，マスメディアによって，また世界パターンの使用で引き起こされるある種の文化に置き代えられてきた。

　いくつかの国では，人々は外国の影響を積極的に受け入れる。大衆文化は大部分，その材料，例えば，新しいメディアと同様に，映画やテレビや印刷業を広める産業に左右されている。それは，それらの産業と製品を消費する社会の人々との間の引き続く相互作用の帰結である。これらの新しい変化は，食習慣や人々の嗜好や学界の生活を含む我々の人生のあらゆる面に様々な影響を及ぼしてきた。「理想的な風景では，世界は様々な文化をもって形成される多彩なモザイクのようなものであるべきである。文化は静態的な現象ではなく，むしろ流動的であり着実に生み出されつつある動態的な河だ」。

　今日多くの人は同じような情報にアクセスしてきたし，こうした世界文化の渦中にある。また，各国はこうした新しく現れていることは公平なものではないという事実により自国のアイデンティティーを守るべきである。世界文化が支配的になりつつある。確かなことは，どの国もこれらの新しい変化の影響から自らを解放したり独立の島である振りをしたりできないということだ。たしかに，これらすべては伝統文化に対して影響を与えてきた。「大衆文化の品目を製造し販売する企業の利潤を産む性質が，広く訴える品目を強調し世界中にそれらを普及させることで自社の利潤を最大化しようとしている」。

34　"Subsidiary absorptive capacity and knowledge transfer within multinational corporations," *Journal of International Business Studies*, 45, 2014：220.110.156.49；2018年5月9日アクセス。

35　不確実性，識別力および複雑性で構成される。

36　"Global cities and multinational enterprise location strategy," *Journal of International Business Studies*, 44, 2013. (202.237.3.90；09 May 2018年5月9日ダウンロード)

37　①ジェトロ海外調査部国際経済課「(記者発表) 2015年度日本企業の海外事業展開に関するアンケート調査」2016年3月3日 (https://www.jetro.go.jp/news/releases/2016/)。(1)輸出拡大意欲が過去5年で最大に，(2)海外進出拡大意欲は高水準ながらも一服感，国内事業は拡大方針が2年連続で過半超え，(3)米国，ベトナム，西欧，インドなどで事業拡大意欲が増加，(4)対中輸出伸び悩みの主因は内需減，消費財分野は堅調，(5)TPPでは米中間など第三国間貿易での活用も検討，(6)約半数の企業が海外拠点の経営現地化の必要性を認識，(7)4割の企業が外国人社員を雇用，(8)大企業の7割がCSR方針を策定。

　②経産省「第47回 海外事業活動基本調査概要 (16年度実績)」2018年4月5日

[注]

(http://www.meti.go.jp/statistics/tyo/kaigaizi/result/result_47/pdf/h2c47kaku1.pdf)。現地法人数は 2 万 4959 社。全地域に占める中国の割合は縮小傾向。現法従業者数は 559 万人と，前年度比 0.3％の増加。現法の売上高は 257.6 兆円と，前年度比▲6.0％の減少。製造業の海外生産比率（国内全法人ベース）は 23.8％と 5 年振りに低下。経常利益と当期純利益は過去最高水準に。製造業の設備投資額は減少。海外設備投資比率も低下している。

38 "Policies and institutions on multinational corporation-small and medium enterprise linkages: The Brazilian case," E. Rugraff, Michael W. Hansen eds., *Multinational Corporations and Local Firms in Emerging Economies*, Amsterdam UP, 2011 (http://www.jstor.org/stable/j.ctt46n0w0.11)．

39 「われわれは企業の国際的な道筋の間の相互依存をかり立てる時の顧客の影響を分析し，新興国出身のボーン・グローバル企業の国際化の過程の質的で後向きの埋め込まれた事例研究を築いた。膨大なデータにもとづいて，顧客関係が，1 つ以上の海外市場に広がる，重複するネットワークを両方とり入れている，企業の連続した動きを左右すると同様に，企業を海外進出させることを見いだした。すなわち，企業の国際経路間の相互依存をつうじた顧客関係が 10 年以下で 5 つの異なる外国市場で同時に足跡をのこし進化させた。これで，たがいに依存している大量の国際経路をふくんでいるとして，企業の国際化過程の新しい概念化が指摘されている」(A. Limp, S. Renzende and Â. Versiani, "Customer relationships and interdependences in the internationalization process of the firm," *RAUSP Management Journal*, 53, 2018: Science Direct)．

第 6 章

グローバル企業と世界経済の現況

1. 世界経済の構造変化

　まず,日本では1970年代に高度成長時代が終わりました。世界経済の曲り角ともいわれ,資源制約が重大になり,スタグフレーションが進行しました)。また,経済のソフト化・サービス化が進み,クロスボーダーM&Aも隆盛となります。

　世界では,ペレストロイカ(再構築)やグラスノスチ(情報公開)の時期(1985年)[1]をへて,ベルリンの壁が崩壊し(89年),ソ連邦が解体されます(91年)。東西冷戦構造の終焉といわれるものです。

　ここで国民国家体制[2]が変容しますが,このことは「企業は国境を超える」現れと言われました。世界の大企業の行動パターンも変わらざるをえなくなりました。以前とちがって,表向きだけでも環境に配慮したり就労に配慮したりしなければならなくなりました。もちろん営利企業の本質に変わりはありませんが,その点でMNCというよりもその進化型・転身体としてのグローバル企業の本格的な台頭です。

　また,経済システムは市場経済システムへと一元化されました。社会主義の計画経済はほとんど消滅しました。旧社会主義国は市場経済への移行を強制されました。

第6章　グローバル企業と世界経済の現況

(1)　グローバリゼーションの時代

　そこでは規制緩和または自由化，小さな政府（新自由主義経済政策），民営化がキーワードです。ビッグバン（金融証券市場改革），ヘッジファンドも重要です。軍事化，宗教対立あるいは地域・民族紛争，感染症の蔓延が現れてきました。人権擁護や環境保護をめざす運動が行われてきました。経済のグローバル化はMNCが主なプレーヤーです。

　2016年の世界の実質GDP成長率は，前年比で3.1％と緩やかに回復しましたが，08年の世界経済危機後8年間で2番目に低い伸び率。全体として回復基調にありますが，そのペースは緩慢なものとなっていました（「通商白書2017」）。

　17年は前年後半以降持直しの契機は維持されますが，IMFは世界の成長率を17年3.5％，18年3.6％と予測していました。主要国の潜在成長率の低下や世界の貿易および投資の停滞，所得格差の拡大等の構造的問題により下方圧力が強く，また，保護主義の圧力の高まりや予想より急激な金融引締による新興国への影響，中東やアジア等の地政学上のリスクにもいっそうの注視が必要となっていました。

　16年，世界の財の貿易額は31兆9,128億ドルで前年比−3.8％と2年連続で減少しました。12年に世界貿易量の伸び率が実質GDP伸び率を下回って以降，5年間続いており，IMF，WTO等では「スロー・トレード」と呼んでいます。要因として，①世界的な成長率の鈍化，②11年以降の原油価格の下落，③新興国の中間財の国内生産化が挙げられます。

　さて，大幅な財・サービス貿易赤字額を計上している国が，必ずしも低成長に陥るとは限りません。また，黒字国であっても低成長になっている国もある一方で赤字国であっても中成長となっている国があり，財・サービス収支が黒か赤かと経済成長率がどう決まるかは別

1. 世界経済の構造変化

図表6-1 グローバルインバランスの発生, 拡大

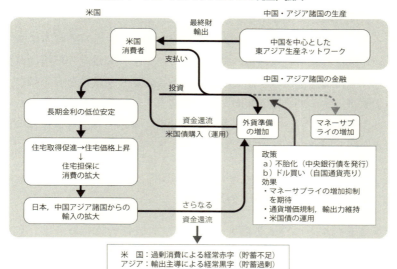

出所：通商白書 2010。

の問題です。他方，成長率との関係では，収支額より貿易額の増加が比較的高い相関性を持つと考えられました。

　米国は7年以上景気回復期にあり，労働市場は強含みで推移し，経済活動は緩やかに拡大しています。新政権が打ち出すインフラ投資，税制改正等の財政政策は経済成長を押し上げる可能性がありますが，今後明らかになる具体的な内容次第では下振れ要因となります。各種政策が今後どのように具体化されていくのか，それらが内外に及ぼす影響が注目されています。また，金融政策ではFF金利の引上げ，FRBのバランスシート縮小などが見込まれていますが，これらの動きが為替，株価，内外景気等に影響を与える可能性もあります。15年の実質家計所得（中央値）は前年比5.2％増となり，前回の景気後退以降の最高値を記録したが，高所得層ほど所得の伸び率が高く，格差拡大が進んでおり，景気回復の実感に乏しい人々が一部に残されて

第6章　グローバル企業と世界経済の現況

いることが考えられます。高賃金業種や職種ほど賃金水準の伸び率は高いが雇用の増加幅は小さく，反対に低賃金業種（娯楽・ホスピタリティ等）・職種は相対的に水準の伸びが小さいが雇用の吸収力は高いという所得と雇用の二極化の動きがみられます。製造業の雇用は減少しつつも付加価値額は増加を続けていることから生産性を高め続けていますが，シェアは低下傾向にあり製造業を除く米国経済の成長ペースはより速いといえます。五大湖地域でも，雇用と付加価値額については全国と同様の動きが見られるそうです[3]。

(2)　トランプ政権の経済・外交政策

　ラストベルトの白人労働者がトランプ大統領の支持層です。したがって，経済政策はシカゴ，デトロイトほかの地域の旧産業──鉄鋼・石炭，自動車──を保護するものになります。いくら最近のアメリカの雇用情勢が改善されているといっても，アメリカ経済全体はけっして楽観できるものになっているわけではないのです。また，「米国ファースト」の発言があり，オバマ・ケアの見直し，金融規制の解除，大幅減税・公共投資などを表明しています。その背景はたいへん広く，いわば戦後アメリカの政治・経済の変遷とふかく関わっていると考えられます。

　さらに，強硬な移民政策，つまりメキシコとの「国境の壁」，鉄条網を敷きめぐらす，不法労働者を締め出すと言っています。また，「イスラム教徒を入国させない」とも発言しています。これは完全な隣人差別ともいえるものでしょう。自国民，それも白人さえ良くなればいいというのでは国際世論を納得させることはできないと考えられます。しかし，そもそもこれまでのアメリカの政策を踏まえてのことなのかどうか。たいへん疑問です。歴史を後ろ向きに変えるのが保守の本道だとしても，世界の志向と逆行しているといわれても仕方が

1. 世界経済の構造変化

図表 6-2　最新経済成長率見通し

	2015	見通し 2016	見通し 2017	2016年4月のWEO見通しからの変化[1] 2016	2016年4月のWEO見通しからの変化[1] 2017
世界経済成長率	3.1	3.1	3.4	-0.1	-0.1
先進国・地域	1.9	1.8	1.8	-0.1	-0.2
米国	2.4	2.2	2.5	-0.2	0
ユーロ圏	1.7	1.6	1.4	0.1	-0.2
ドイツ	1.5	1.6	1.2	0.1	-0.4
フランス	1.3	1.5	1.2	0.4	-0.1
イタリア	0.8	0.9	1	-0.1	-0.1
スペイン	3.2	2.6	2.1	0	-0.2
日本	0.5	0.3	0.1	-0.2	0.2
英国	2.2	1.7	1.3	-0.2	-0.9
カナダ	1.1	1.4	2.1	-0.1	0.2
その他の先進国・地域[2]	2	2	2.3	-0.1	-0.1
新興市場及び途上国・地域	4	4.1	4.6	0	0
独立国家共同体	-2.8	-0.6	1.5	0.5	0.2
ロシア	-3.7	-1.2	1	0.6	0
除ロシア	-0.6	1	2.5	0	0
アジア新興市場及び途上国・地域	6.6	6.4	6.3	0	0
中国	6.9	6.6	6.2	0.1	0
インド[3]	7.6	7.4	7.4	-0.1	-0.1
ASEAN-5[4]	4.8	4.8	5.1	0	0
欧州新興市場及び途上国・地域	3.6	3.5	3.2	0	-0.1
ラテンアメリカ及びカリブ諸国	0	-0.4	1.6	0.1	0
ブラジル	-3.8	-3.3	0.5	0.5	0.5
メキシコ	2.5	2.5	2.6	0.1	0
中東, 北アフリカ, アフガニスタン, パキスタン	2.3	3.4	3.3	0.3	-0.2
サウジアラビア	3.5	1.2	2	0	0.1
サブサハラアフリカ	3.3	1.6	3.3	-1.4	-0.7
ナイジェリア	2.7	-1.8	1.1	-4.1	-2.4
南アフリカ	1.3	0.1	1	-0.5	-0.4
低所得途上国	4.5	3.8	5.1	-0.9	-0.4

注：実効為替レートは 2016 年 6 月 24 日～28 日の水準にとどまると想定。国名は経済規模をベースとした順で記載。四半期データは季節調整済み。
1）変化率は 7 月改定見通しと 2016 年 4 月経済見通しの数値の差に基づく。
2）G7 諸国（カナダ，フランス，ドイツ，イタリア，日本，英国，米国）とユーロ圏諸国を除く。
3）インドについては，データ及び予測は財政年度ベース。また，2011 年以後の GDP は 2011/12 財政年度の市場価格をベースとした。
4）インドネシア，マレーシア，フィリピン，タイ，ベトナム。
出所：IMF, 世界経済見通し（WEO）の 2016 年 7 月改定見通し。
　　　（https://www.imf.org/ja/News/Articles/2016/07/18/18/11/）

第6章 グローバル企業と世界経済の現況

ないでしょう。その他の最近の主な動向は以下のとおりです。トランプ大統領のアジア歴訪（日本・韓国・中国ほか）／日韓への武器輸出，対中戦略・北朝鮮問題／TPP 離脱[4]，COP15 パリ協定脱退・NAFTA 見直しほか／政府高官の立て続けの罷免，対イスラエル外交／フロリダ災害対策など愛国主義的な対応／金正恩(キムジョンウン)への急接近。

　要するに，パックス・アメリカーナが大きく後退したなかで，トランプ大統領の物言いは米国の「再生」を狙ったものになっています。トランプ大統領は，中国やロシアにたいしても強硬姿勢をとっています（大統領選挙戦でのロシアの関わりは簡単な問題ではありませんが）。さらに，アメリカの中東政策もそうです。アジア政策もまた基本的にそうでしょう。大統領のビジネス感覚で政策が決まっているとしか言えません。彼の北朝鮮にたいする政策は，少し微妙ですが，けっして弱腰にはなっていないように思われます。そのことがどういうことを意味するかは予断を許さないでしょう。いずれにしても今後の行方を待たなければ判断はできません。以下で現在の状況を確認しておくにとどめます。

> 　経済危機のほぼ10年後，世界経済はより良い形になっている。過去数年間に見られた緩慢だが着実な成長は継続しはじめ，2017年に予測で3.5％の成長である。「しかし，我々は予期せぬ変化と不確実性の時代に暮らしている。地政学的な逆風が科学技術上の変化と衝突し，世界の指導者たちが政治と経済政策について長く困難と考える必要がある世界を創り出した。引き続く成長は保証されるには程遠い」(World Economic Forum, "These are the world's 10 most competitive economies"[5])。

　トランプ政権については，経済運営は及第点プラスアルファ，通商政策は NAFTA 交渉次第。公約を守る大統領像を確立。経済的合理

1. 世界経済の構造変化

図表 6-3　上位競争力のあるグローバル経済（2017-18年）

① スイス
② 米国
③ シンガポール
④ オランダ
⑤ ドイツ
⑥ 香港
⑦ スウェーデン
⑧ 英国
⑨ 日本
⑩ フィンランド

出所：WEF, "Global Competitive ness Index," https://reports.weforum.org/

図表 6-4　世界の競争力ランキング（抜粋）

	2017年	16年	15年	14年	13年	変化
香港	①	①	②	④	③	0
スイス	②	②	④	②	②	0
シンガポール	③	④	③	③	⑤	1
米国	④	③	①	①	①	-1
オランダ	⑤	⑧	⑮	⑭	⑭	3
アイルランド	⑥	⑦	⑯	⑮	⑰	1
デンマーク	⑦	⑥	⑧	⑨	⑫	-1
スウェーデン	⑨	⑤	⑨	⑤	⑤	-4
UAE	⑩	⑮	⑫	⑧	⑧	5
ノルウェー	⑪	⑨	⑦	⑩	⑥	-2
カナダ	⑫	⑩	⑤	⑦	⑦	-2
ドイツ	⑬	⑫	⑩	⑥	⑨	-1
台湾	⑭	⑭	⑪	⑬	⑪	0
フィンランド	⑮	⑳	⑳	⑱	⑳	5
NZ	⑯	⑯	⑰	⑳	㉕	0
カタール	⑰	⑬	⑬	⑲	⑩	-4
中国	⑱	㉕	㉒	㉓	㉑	7
英国	⑲	⑱	⑲	⑯	⑱	-1
アイスランド	⑳	㉓	㉔	㉕	㉙	3
オーストラリア	㉑	⑰	⑱	⑰	⑯	-4
イスラエル	㉒	㉑	㉑	㉔	⑲	-1
ベルギー	㉓	㉒	㉓	㉘	㉖	-1
マレーシア	㉔	⑲	⑭	⑫	⑮	-5
オーストリア	㉕	㉔	㉖	㉒	㉓	-1
日本	㉖	㉖	㉗	㉑	㉔	0
タイ	㉗	㉘	㉚	㉙	㉗	1

第6章　グローバル企業と世界経済の現況

チェコ共和国	㉘	㉗	㉙	㉝	㉟	-1
韓国	㉙	㉙	㉕	㉖	㉒	0
フランス	㉛	㉜	㉜	㉗	㉘	1
スペイン	㉞	㉞	㉟	㊴	㊺	0
チリ	㉟	㊱	㉟	㉛	㉚	1
サイプラス注	㊲	n/a	n/a	n/a	n/a	n/a
ポーランド	㊳	㉝	㉝	㊱	㉝	-5
ポルトガル	㊴	㊴	㊱	㊸	㊻	0
フィリピン	㊶	㊷	㊶	㊷	㊳	1
インドネシア	㊷	㊸	㊷	㊲	㊴	6
イタリア	㊹	㉟	㊳	㊻	㊹	-9
インド	㊺	㊶	㊹	㊹	㊵	-4
ロシア	㊻	㊹	㊺	㊳	㊷	-2
トルコ	㊼	㊳	㊵	㊵	㊲	-9
メキシコ	㊽	㊺	㊴	㊶	㉜	-3
スロバキア	㊶	㊵	㊻	㊺	㊼	-11
ハンガリー	㊷	㊻	㊽	㊽	㊿	-6
南ア	㊳	㊾	㊾	㊾	㊾	-1
ギリシャ	㊺	㊷	㊾	㊼	㊾	-1
アルゼンチン	㊽	㊵	㊾	㊽	㊾	-3
ブラジル	㊶	㊷	㊶	㊺	㊶	-4
ヴェネズエラ	㊷	㊶	㊶	㊵	㊵	-2

注：キプロス
出所：「米国がトップ3の座から陥落，世界の競争力ランキング—IMD」Randall Woods，2017年6月1日（https://www.bloomberg.co.jp/）。

性よりも政治的合理性を優先。経済成長と雇用環境が改善。政府の役割を次々に見直し。中間選挙での通商政策の扱いに注目（「トランプ政権の1年を振り返る」[6]）といわれています。

　なお，米国が「正しい方向に向かっている」と回答した割合が34.0％に対し，「誤った方向に」と回答した割合は57.0％（2018年3月12日時点）。ただし，過去には，「誤った方向に向かっている」と回答した割合が7割を超える時期もありました。トランプ大統領に対し「好ましくない」とする評価は56.8％，「好ましい」とする評価は38.7％（3月7日）。大統領選挙直後には「好ましい」とする評価が44.5（16年11月13日）に達しましたが，その後30％後半から40％前半で推移しました。米国通商代表部は2月28日に「2018年通

商政策の課題及び 2017 年次報告」を議会に通知しています。① 国家安全保障を支える通商政策，② 米国経済の強化，③ 全ての米国人にとって役立つ通商協定を交渉，④ 米国通商法を厳格に執行及び擁護，⑤ 多国間通商システムの強化，の 5 本柱で構成される基本方針を発表（ジェトロ海外調査部米州課「米新政権の経済・通商政策〜 2018 年 3 月 13 日時点〜」[7])。トランプ政権の経済・外交政策は一貫しているわけではなく，未だ必ずしも鮮明ではないと言わなければなりません。

まず，MNC の現状について見ていくことにしましょう。

2. グローバル企業と世界経済
―MNC と対外直接投資の推移

ここではグローバル企業について概要を説明しますが，その前に近年の投資の動向を確認しておくことにします。まず対外直接投資（FDI）の推移から見てみることにしましょう。

(1) 投資見通し

「世界の投資は，2017 年の予測が周到に楽観的なので，緩やかな回復をみつつある。主要地域を横断する高い経済成長の期待，貿易の増大の再開および企業利潤の回復は，FDI のわずかな増加を支えたであろう」（WIR 2017）。世界のフローは 17 年にほとんど 1.8 兆ドルに，18 年には 1.85 兆ドル——まだ 07 年のピークを下回る——に増加するものと予測されています。政策の不確実性と地政学リスクが回復を妨げ，租税政策の変更が著しくクロスボーダーの投資に影響を与えることがあったでしょう。FDI の見通しは南米とカリブ海諸国を除

いて，大部分の地域で緩やかに積極的です。グループとしての途上経済はおよそ10％増加するものと期待されています。これには，主要経済での見通しの改善が投資家の信認を急上昇させるように見える途上中のアジアでの相当な増加が含まれています。アフリカへのFDIも，原油価格の緩慢な上昇予測や地域統合の前進があり，増加するものと期待されています。対照的に，南米とカリブ海諸国の見通しは，不確実なマクロ経済および政策の見通しを伴って，色調が弱められています。移行経済への流入は，16年に底入れした後にいっそう回復するように見えます。先進経済への流入は17年に安定を保つものと期待されています。

　さて，MNCは世界におよそ8万社あるといわれますが，ここで現在の代表的なMNCを確認しておきたいと思います（図表6-5）。

図表6-5　フォーチュン・グローバル500（1990-2016年，上位10社）

年	2016	2015	2010	2005	2000	1995	1990
1位	ウォルマート	ウォルマート	ウォルマート	ウォルマート	GM	三菱商事	GM
2位	国家電網	中国石油化工集団	ロイヤル・ダッチ・シェル	BP	ウォルマート	三井物産	フォード
3位	中国石油天然気集団	ロイヤル・ダッチ・シェル	エクソンモービル	エクソンモービル	エクソンモービル	伊藤忠	エクソン
4位	中国石油化工集団	中国石油天然気集団	BP	ロイヤル・ダッチ・シェル	フォード	住友商事	ロイヤル・ダッチ・シェル
5位	ロイヤル・ダッチ・シェル	エクソンモービル	トヨタ	GM	ダイムラー・クライスラー	GM	IBM
6位	エクソンモービル	BP	日本郵政	ダイムラー・クライスラー	三井物産	丸紅	トヨタ
7位	VW	国家電網	中国石油化工集団	トヨタ	三菱商事	フォード	GE
8位	トヨタ	フォルクスワーゲン	国家電網	フォード	トヨタ	エクソン	モービル
9位	アップル	トヨタ	アクサ	GE	GE	日商岩井	日立
10位	BP	グレンコア	中国石油天然気集団	トタル	伊藤忠	ロイヤル・ダッチ・シェル	BP

出所：Fortune, "Global 500"（http://www.fortune.com/data-store/, 2018年3月28日閲覧）

2. グローバル企業と世界経済―MNC と対外直接投資の推移

　年代によっても変わりますが，トップ10 ともなると，自動車で GM，フォード，トヨタ，ダイムラー・ベンツ，VW，石油でロイヤル・ダッチ・シェル，モービル，BP，商社が多いですが，総合商社をふくむ流通業や IT 企業（アップル，国家電網など）も上位を占めていることが分かるでしょう。ウォルマートの快進撃が秀でています。なんといっても米系，日系，欧州系の企業が多いですね。しかし，最近は中国企業（中国石油天然気集団，中国石油化工団，国家電網）の存在感が目だっています。

(2) ICT，モノづくりに注目

　いまや中国が世界の工場ですが，同時に「世界の市場」ともなっています。そして，アジア，とりわけ東アジアがモノづくりで注目されています。

　また，韓国や台湾のサイエンスパーク（科学工業団地）と半導体・電子機器産業ではサムスン電子，LG 電子，鴻海精密工業などが注目されています。韓国の大企業はスマートフォンの生産で世界一であり，台湾企業は OEM（海外委託生産）ないし ODM（Original Design Manufacturing）で大量生産をしてきました。

　さらに，こうした世界の業界地図の変化のなかでノキア，レノボ，フィリップス，トムソン，エイサーは転身しました（小林啓孝『エレクトロニクス産業　攻防のダイナミズム』中央経済社，2017 年）。日本の東芝，日立製作所，シャープ，松下電器産業，ソニー，NEC，富士通ほかは国際競争力で決定的に衰退してしまいました（大西『東芝解体』）。

　ほかにインドのバンガロールも注目されます。シリコンバレーから帰った技術者たちが ICT 産業を興したわけです。国家をあげて IT 産業[8]を振興しているベトナムは，ことに日本から技術研修を受けてい

149

ます。

　なぜグローバル企業が地域経済とかかわるのか？　それは企業の世界戦略のことではなく、グローバル化の波のなかで地域が再生するためにどのようなことが必要なのかを考えるためにも重要な問題なのです。企業にとって人が欠かせないのですが、その人間が暮らすところが注目されるわけです。大企業で働くなら、都会生活ということになるでしょう。しかし、本来、人は地元で働くものなのです。ここでは多くを説明しませんが、今言ったことはとても大切な事柄です。

　やはりモノづくりの基盤は中堅・中小企業にあるでしょうから、とりわけ技術力を持つような人材の育成が必要でしょう。日本でもモノづくりには注目が集まっています[9]。各地での取組みもたくさんあります。大企業でのOJTや研修・実地体験も必要でしょうが、なによりも個々の人格・人柄の涵養が「モノをいう」のではないでしょうか。それらは地域や家庭で養われるものでもあります。地域の歴史や伝統文化がなければどうしようもないでしょう。経済学や経営学はそうした点を捨象したり無視したりできません。

3. MNCと地域経済の連携

　いよいよ少子高齢化、超高齢社会が到来しました。MNCはグローバル企業へと転身したというべきです。
　また、中小企業の技術力と地域間ネットワークがひときわ注目されています。クロスボーダーのM&Aが盛況であることは既にふれました。したがって、基調としてFDIが増大しているのです。
　韓国、メキシコおよびチリはOECDに加盟し、先進国の仲間入りを果たしました。中国もWTOに加盟しました（IMFには以前から加盟していましたが、当時まだ8条国に移行していませんでした）。

3. MNCと地域経済の連携

　世界の49大小売MNEの実証研究によれば，1社だけのMNEが「グローバル」ですが，5社は「バイ・リージョナル」，すなわち欧州連合，NAFTAおよびアジアの「三龍」の2地域に少なくとも20％の売上高があるということが分かります。残りのMNEは純粋に国内志向か本国志向の市場だけで販売しています。こうして，小売業のMNEはグローバルに営業もしていなければ実際グローバル戦略も必要としません。代わりに，それらは主にリージョナルであり，その焦点はローカルで，本国に依拠した市場志向的なのです（A. Rugman and S. Girod 2003）[10]。

　1970年代末の改革開放以降の中国の急成長と構造変化。対外投資や輸出やICTの生産で中国の急浮上がありました。グローバル化や産業のリストラクチャリングや地域開発に関する包括的な検討では，経済地理学の理論的な発展と同じように，中国研究は同国の改革過程に「埋め込められている」と考えられています。また，産業や地域の発展において制度と世界・地方の相互作用に重要な役割があるといわれます（Y. Dennis Wei and I. Liefner 2012）[11]。

WTOドーハ・ラウンド（開発アジェンダ）

　ドーハ・ラウンドはWTOの新ラウンドであり，ドーハ開発ラウンドともいわれます。2001年に開始が決定されています。交渉分野は，農業および非農産物の関税引き下げやサービス貿易の自由化など多岐にわたっています。とくに途上国の開発促進や環境関連の物品・サービスの自由化で先進国との対立が激しくなっています。そのため，このところ交渉が暗礁にのりあげています。このところ注目されている新興経済はどうでしょう。

BRICS

　ブラジル，ロシア，インド[12]，中国および南アフリカ共和国からな

ります。2002年に出たゴールドマン・サックスの報告書で一躍知られるようになりました。しかし，ブラジル（自動車・鉄鋼），ロシア（石油・資源大国），インド（IT大国），中国および南アフリカ共和国（鉱業）といった具合にお国柄が違います。そのため，経済成長率に差が出てきています。中国，インド以外は意外と成長率は低いものになっています。

南欧諸国　GIIPS（ギリシャ，アイスランド，イタリア，ポルトガル，スペイン）の5カ国。いわゆる貧しいヨーロッパです。ギリシャ危機に典型的なように，構造的な問題を抱えています。

VISTA[13]

ベトナム（IT政策），インドネシア（観光業），南ア（BRICS[14]の一員），トルコ（農林水産業），アルゼンチン（農牧業）からなります。BRICSについで発展が期待されています。南アフリカ共和国は当初，ブリックスに含まれていませんでした。

ネクスト11

イラン，インドネシア，エジプト，韓国，トルコ，ナイジェリア，バングラディシュ，パキスタン，フィリピン，ベトナム，メキシコの11カ国。BRICs，VISTAに次いで期待されていますが，メキシコやベトナムは他の国ぐにとは位置づけが違うように思われます。

> さて，製品，金融・労働市場のグローバル化は，企業が多くの財やサービスを生産するのを容易にしてきた。そして，企業は正しい技能が最小の費用で見出されうる世界中のどこででも販売する。製品を世界大に販売したいという欲望はまた，企業が複数の国で存在感をもつ誘因をつくり出しもした。それとともにこれらの事実は多くの産業で労使関係を範囲でグローバルにした。グローバル化は

3. MNC と地域経済の連携

新興諸国に対してとくに重要である。世界の製造業雇用のおよそ50％が現在，新興国にある。グローバル化は労使関係の慣行に重大な挑戦を課している。歴史的に法律，市場，制度，規範，および労使関係の慣行は国レベルで発展させられてきた。グローバル化は，消滅されはしないが労使関係の国家システムの役割を弱化させ，労使関係の機能の全てを扱うために，多数の新しい制度，構造，および過程を生起させてきた。「我々は，これらの新しい取極とグローバル化が労使関係に課す挑戦を論じる」(H. Katz, T. Kochan and A. Colvin, "Global Pressures: Multinational Corporations, International Unionism, and NGOs"[15])。

　労働組合が製品市場の拡大する範囲に適合する範囲や管轄を持たなかったかぎり，労組が賃金を引き上げたり標準化したりするのは困難だっただろうという「共通の」仮説から始めた。MNC は，グローバルな供給の連鎖で得られた効率的なものを利用するからそれから恩恵を受けてきた。生産の国際化はまた，多くの方法で交渉力を MNC に有利に転換してもいる。今日まで，どの単一の制度上の反応ないし代替的な力の源泉がこうした権力の転換を均衡させるのに成功してきた。メディアに晒されることは MNC の供給連鎖での標準を向上させるように圧力をかける最も効果的な方法だった。しかし，この戦略は逸話的であると判明した。惨事あるいは口汚い労働条件についてのメディア報告は訂正活動の混乱を実際に創り出すが，メディアの守備範囲が消えた後かなり迅速に勢いを失う傾向がある。
　一般に，消費者は一貫した方法で，あるいは，求められるデータの中で労働基準か報告された労働基準問題を持った企業の避けられた製品に対応してこなかった。しかし，USAS（全米学生協会）支部に大学キャンパスで組織する学生たちに導かれ，首尾良くいった

第6章 グローバル企業と世界経済の現況

消費者のキャンペーンが，大学のロゴを身に着ける免許のあるアスリートやスポーツウェアを売るMNCがNGOの特定化した労働基準を遵守することを要求することが準備されてきた。

行動規範は標準を改善するのに役立ったけれども，それらはそれ自身新興国の労働基準で法令遵守ないしは持続した改善を達成するために包括的な戦略として役立てない。強力な労働法や実施慣行を持つ国々は，平均して，良好な賃金や労働条件を持っているという証言がある。ILOの「より良い工場をカンボジアへ」という実験では，インセンチブの注入（低い関税ないし他の貿易制限），政府と国際的な圧力，および作業場ベースの組合は正の効果をも持ちうるということが示唆されている。

そのうえ，多数の国を跨いだ組合の努力が現れ，その一部は組合や労働者の国際網を含んでいる。MNCに圧力をかける組合の他のキャンペーンは消費者の圧力と政治的な圧力を利用するNGOと結びついてきた。全般的に，MNCの価値連鎖における労働条件を達成し持続させることは，恐らく結果として消費者の購入行動によって再強化される一組の経営，労働，NGO，および政府の影響を必要とするだろうということが現れている[16]。

また，カナダ，アイルランド，スペインおよび英国の4カ国でのMNCと雇用慣行の並行の観察調査からなる国際研究プロジェクトの基本的な特色が概観されているものがあります。サーベイは，無関係な国々のMNCでの雇用慣行の最も包括的な調査です。これらのデータの比較分析を始める際に，論文には4つの対象があります。第1に，我々はMNCにおける統合と差異化のプロセス，いかにこれらがMNCと国民国家の相互作用や雇用慣行に及ぶインパクトに激しくぶつかるかを探究しています。第2に，問題となっている4カ国におけるFDIと大企業の労使関係の重要性を図示しています。第3に，研

3. MNCと地域経済の連携

究のデザインの基本要素を概観し，収集データのプロセスを図示しています。第4に，統合と差異化のパターンに関する観察調査の一部の要約をしています (T. Edwards, P. Marginson and A. Ferner 2012)[17]。

> 「概念上のフレームワーク，サーベイから一組の基本的な発見事項を検討することで例証されてきた潜在能力を念入りに作ってきた」。そのうえ，FDIの重要性と大企業の労使関係のシステムの間の異同によって4カ国の基本的な側面を打ち立てることで分析のために場面を設定してきたし，データを収集する過程を図示し，概要が比較できるかどうかを論じたりする研究計画の鍵となる重要な要素を概観してきた（続くものはこれらのテーマを取り上げる5本の論文である）。「同時に，それらは，いかにこれらの鍵となるグローバル経済のプレーヤーが国境を越えて同様にか，異なって機能しているかについての我々の理解上のギャップを埋めることに貢献している」[18]。

> 論文では，『地域戦略』の文献から生じる主な洞察が概観されている。それはまた，将来の国際戦略に関する学問のための新しい，豊富な研究議題のアウトラインを開発する。そしてそこでは，国レベルや世界レベルにくわえて，地域は明示的で第3の地理的なレベルの分析として導入されるべきである。地域戦略の分析は，国際戦略の分野で主流の理論についての基本的な再考を求める。この再考には，特に，統合化（I）・国の責任（NR）フレームワークと同様に，資源ベースの思考と取引費用の経済学の構成因をもつ国際化の理論が含まれている（A. Verbeke and C. G. Asmussen, "Global, Local, or Regional? The Locus of MNE Strategies"[19]）。

> 本論文では，伝統的な地方（ないし国）の——グローバルなとい

155

第 6 章　グローバル企業と世界経済の現況

う二分法に地域，地理的な次元を付け加えてきた国際戦略での過去と現在の研究の知的な基礎が概観されてきた。この追加の次元では重要な含意をもつ，なぜならそれは企業家の機会がこの中間のレベルで利用できるかもしれず，しかも有効な MNE の戦略——そしてそのような戦略についての有効な理論化——はしたがって地域の構成要素をふくむ必要があるかもしれないということが示唆されているからである。将来の研究のための 2 つの重要な，経営的な指向の軸が確証された。すなわち，(1)「拡大しすぎること」という危険を含む，大半の企業によるグローバル市場の多様化の不在——ないしそれに対する境界——を説明すること，および (2) 本国の地域を越えて足跡をもつ企業によって導入された組織上の諸要素を分析するが，この足跡と関連した組織上の取極めが各々の価値連鎖活動にとって相当異なるかも知れないということを説明することがそれである。第 2 点の文脈で，われわれはまた古典的な統合−国家責任フレームワークを改訂し，分析に地域の構成要素を加える戦略・組織化の含意を評価してきた[20]。

また，「米国企業が世界中で成功することが米国の雇用拡大につながる。グローバルな関わりが米国および世界のビジネスチャンスになる。アウトソーシングはグローバル化とは違う」。米国における最大級の雇用主としての GE。ナンセンスな「縁故資本主義者」(「【GE 会長・最新寄稿】米国の成功を叶える，世界各地でのローカリゼーション」[21])。2016 年末，GE の会長兼 CEO ジェフリー・R・イメルト氏は『TIME』誌にエッセイを寄せ，グローバル・エンゲージメントが米国および世界のビジネスチャンスになると考える理由を説明しました。また，「米国企業が世界中で成功することが米国の雇用拡大につながる」と自信を表していました。

4. 経済格差の拡大

　まず，世界的に貧困が増大しています。その背景にデジタル・デバイド（情報格差）もあります。なかなか「貧困の罠」から抜け出せないでいます。また，民族紛争や宗教対立が激化しています。「アラブの春」で民主化も進みましたが，いわば ICT の時代の裏面をなしています。

　先進国における国内の格差を示すジニ係数（税・所得移転後）について国際比較した結果によれば，米国は 1990 年の 0.35 から 2014 年には 0.39 まで上昇してきています。英国も 90 年の 0.36 から世界経済危機以降いったん減少したものの上昇傾向に戻り 13 年には 0.36 まで戻しています。日本はデータの制限があり毎年のデータではありませんが，1995 年の 0.32 から 2012 年には 0.33 と多少の増減はあるもののほぼ一定の水準を維持しています。ドイツは 90 年の 0.26 から 13 年には 0.29 と緩やかに上昇しています。フランスは 1996 年の 0.28 から，2013 年には 0.29 とドイツよりもさらに緩やかな上昇傾向にあります。そして比較的格差が少ないといわれるスウェーデンは 1991 年の 0.21 から 2013 年には 0.28 と最も格差が低い水準にあるものの，04 年以降増加傾向が顕著になっています。全体として見れば日本をのぞく先進国では格差が拡大傾向にあることがわかります。

　なお，出典が異なるため正確な比較とは必ずしも言えませんが，世銀のデータによれば中国は 2008 年の 0.43 から 12 年には 0.42 へと若干下落しているものの，先進国の中では最も高い水準の米国や英国よりもさらに数値が高く，国内格差が大きいことがわかります。次に上位 1％および 10％の所得比率を見たものによれば，特に米国は唯一 20％を越えており，かつ，上位 10％の所得層も 50％に迫る水準まで上昇が続いているなど，上位 1％および 10％の所得層がいずれも所

得が伸びていることがうかがわれます。フランスは上位1％の所得層のシェアは1990年以降10％を下回る水準を維持しており，同時に上位10％の所得層でも同様に30％近辺の水準を維持しているなど，主要国のなかでは比較的格差は安定して低い水準にあるといえます。ドイツもフランスほどではないものの，上位1％および10％の所得階層の格差はそれほど拡大していません。日本の上位1％の所得層のシェアは1992年に10％を下回った後，2007年まで上昇傾向が見られましたが，その後10年までほぼ横ばいを示しています。上位10％の所得層のシェアも1％所得層と同じような推移を示しています（『通商白書』）。

　昨今の国際情勢を見ると，自由貿易のメリットは必ずしも自明のものでなく，むしろ，格差を拡大させるものではないかといった不安・不満の声も出てきています。他方，自由貿易が格差の要因でないとしても，現実に不安・不満を抱えている人たちの理解を得るためには，格差縮小に寄与すると思われる労働政策，教育政策等を適切に組み合わせていくことで多くの人が貿易のメリットを得ることが可能な仕組みを構築していくことが必要です。

　さらに，とりわけ日本で年収200万円以下のワーキング・プア，医療無保険者，ホームレス，派遣社員などが増えています。一部の業種では人手不足ともいわれますが，ブラック企業も社会的に問題になっています。世界経済の二重構造からくる各地・国の低所得者層にとって由々しき事態がけっしてなくならないのです。

　さて，核なき世界への期待（プラハ演説），オバマ・ケア＝医療保険制度改革が注目されるなかで，むしろ経済格差が広がりました。「1％（の富裕層）と99％（のそれ以外）」とも言われます。ピケティの『21世紀の資本』は世界的に反響をもたらしました。つぎに，移民や難民の問題に目を転じてみましょう。

図表6-6 最貧国（2016年）

	人口(万人)	$		$		$
中央アフリカ	453	609	ルワンダ	1,703	タンザニア	2,742
コンゴ	6,780	729	マリ	1,742	レソト	2,918
リベリア	420	886	ハイチ	1,757	ミクロネシア連邦	2,977
ブルンジ	1,040	914	ベナン	1,875	カメルーン	3,007
ニジェール	1,690	1,052	ソロモン諸島	1,902	ジブチ	3,066
マラウイ	1,591	1,112	ウガンダ	1,939	ケニア	3,099
モザンビーク	2,392	1,178	アフガニスタン	1,944	カンボジア	3,276
エリトリア	560	1,200	シエラレオネ	2,054	ツバル	3,286
ギニア	1,050	1,257	ジンバブエ	2,055	マーシャル諸島共和国	3,346
マダガスカル	2,190	1,445	南スーダン	2,064	コートジボワール	3,101
トーゴ	630	1,452	セネガル	2,352	サントメ・プリンシペ1)	3,165
ギニアビサウ	161	1,457	ネパール	2,388	キルギス	3,262
コモロ連合2)	68	1,533	パプアニューギニア	2,470	イエメン	3,788
ガンビア	179	1,605	バヌアツ	2,603	ザンビア	4,087
エチオピア	9,388	1,642	チャド	2,627	ガーナ	4,137
ブルキナファソ	1,750	1,688	タジキスタン	2,698	スーダン	4,296
キリバス	10	1,690	(2016/1/4)			

注）2009年の認定基準。1人当たり国民所得が905ドル未満，HAI（栄養不足人口の割合・5歳以下乳幼児死亡率・中等教育就学率など）が60未満ほか。
＊1）西アフリカ，赤道直下のギニア湾にあるサントメ島・プリンシペ島等からなる共和国。
＊2）アフリカ大陸とマダガスカル島との間に散在するコモロ諸島にある共和国。
出所：デジタル大辞泉から筆者作成。

5. 移民，難民問題

　欧米で移民政策が後退し，経済難民や政治亡命もふえています。グローバル化が本格化した1990年代には受入れも目だったのですが，その頃とはだいぶ違いますよね。たとえば，ドイツの状況があり，アメリカの現状があるのです。何よりも世界経済の低迷が背景にあります。移民，難民問題は近年の国際情勢をも反映しています。それは宗教対立でもあり，もちろん経済問題でもあります。いわば複合的で総合的な難問だと思います。
　また，背景に所得格差や少数民族の問題，ことに教育現場での取り

扱いなどの問題があるように考えられます。しかし，それだけでなくイスラームの移動文化にも注目したいと思います。さらにまた，こんな問題もあります。第２章でも触れた宮本常一の研究によれば，定住民族といわれてきた日本人にも実は古来から移動性がみられるらしいのです。移動文化は遊牧民族の専売特許ではないのですよ。また，加藤周一の全仕事のなかでも，『日本文学史序説』と並んで重要な「雑種文化」論に関する論稿は移動文化を語っているのではないでしょうか。社会学でも同じように，これは重大な問題であると思われます。社会科学の中でも経済学は中心的な学問だと考えますが，経済社会ないし資本主義社会を扱っている社会学は，経済学への「越境」にも表れているように，需要な学問であることに変わりありません。宇野の経済史学批判もかつてあったのですが，経済社会論（J・アーリーの一部分），市場社会論（杉浦克己の構想）もあります。そこにも表れているように，経済と社会の問題はM・ウェーバーも射程においた壮大な構想の様相を呈しています。

　また，エイズ（後天性免疫不全症候群），SARS（重症急性呼吸器症候群），エボラ出血熱など新感染症の流行。鳥インフルエンザほかの動物の感染症も増大しています。たいへん重大な問題ですね。こうして新感染症の流行はグローバルな問題でもあります。

　環境問題では異常気象が目だっています。この方は1970年代に世界的に認識されるようになりました。環境問題のグローバル化で，地球環境問題として捉えることが重要になったのです。1980年代から90年代にかけて，気候変動枠組み協定や地球サミットも開かれています。全体として，地球温暖化（地球環境問題），原発事故，京都議定書―パリ協定，とくに米国の枠組みからの離脱といったところが大きな特徴です。もともとアメリカは京都メカニズムに反対でしたが，ここにいたって一気に前面に出てきました。トランプ米大統領の政策の基本のひとつですね。そういう脈絡で考えると，ゴア元米国副大統

領の「不都合な真実」が思い出されます。

　そればかりではありません。ヒトの移動においても重要な変化があります。移民問題や難民問題です。ちなみに，移民問題はEUでも最大の問題のひとつです。イギリスのEU離脱を決めたのもこれが一番といわれています。トランプ大統領も選挙中から厳しい政策を訴えていました。メキシコとの国境に壁を設けるというものです。実際，政権が出来てからイスラーム系にたいして「入国制限」を実施しています。カナダのトルドー首相もこれには遺憾を表明しました。もともと移民問題はグローバルな問題ですが，ここにきてまさに本格化したといえるでしょう。

6．中国経済の減速と「一帯一路」政策，情報統制

　このところ，中国経済が減速しています。かつての2桁の成長率がここ数年，6～7％にまで低下してきました。中国では沿海部と内陸部の格差がますます拡大しており，企業の過剰設備や過剰債務が問題になっています。

　2016年の実質GDP成長率は，15年より低下して6.7％となりました。その寄与度を前年と比較すると，純輸出がマイナス幅を拡大させるなど内需中心の成長であり，内需のなかでは，投資の寄与が縮小し，消費の寄与が拡大するなど，投資から消費への転換の動きも見られます。なお，四半期ベースで推移をみると，17年第1四半期は2四半期連続で伸びが上昇しました[22]。

　また，金融ではネット金融が広がって，投資が拡大してきました。中国の金融システムは中央銀行の中国人民銀行と民間銀行の商業銀行からなっていました。しかも，もともとシャドーバンキングを特徴としていました。しかし，近年，金融にたいして規制がなされるように

なってきました。また，中国共産党による情報の統制もなされています[23]。

ところで，習近平国家主席がうち出した「一帯一路」構想。陸と海のシルクロード（一帯と一路）による中国の対アジア・ヨーロッパ戦略があります。一帯，つまり陸のシルクロードだけでなく，「一路」はなんと海です。中国の海洋戦略なのであります。そこにはまちがいなく，アメリカのアジア戦略を牽制する意図があります。米中対話もけっして単純なものではありません。中国がこのまま海上進出をつづければ，「新・米中時代」の危うい選択になるかもしれません。

また，一帯一路構想はアジアインフラ投資銀行をつうじてロシアばかりかヨーロッパ，はたまたアフリカとのつながりも指摘されています。

貿易取引で収束に向かって機能するために

「WTOの多角的なドーハ・ラウンド交渉の座礁や2，3の大きな地域貿易交渉の舞台という平行した出現のせいで，国際貿易制度は曲がり角にある」。多くの関心を引き付けてきたメガ・リージョナルは，生来グローバルな自由貿易にとってよろめく石塊と判明することがあったか，WTOの枠組内で多角的な取引に達するよう道を譲ったことがある。「道路を舗装すること，しかも地域的な特恵貿易地域への主要な参加者が心の前線でこれを保つことが重要である」。これらのメガ・リージョナルな交渉という形に反映されるように，取引の封鎖の間の部分は，国際貿易制度にとって不確実性を示し，これらの貿易のダイナミズムに適合する際に遅れがあり得たことを示唆している（F. He and X. Pan, "China's Trade Negotiation Strategies Matters of growth and regional economic integration"[24]）。

地理的な関心はそうした部門を正当化し得たけれども，大手の貿易業者は21世紀の繁栄と経済的な保障のために必要とされる新し

い貿易のルールを進化させるという目標に向けた貿易取引に収斂するように共に働く必要がある。この過程を通じて，中国は自国の経済力に適うよう積極的な役割を演じ影響力を拡大するようにしている。中国を除外しようといういかなる試みも，アジアインフラ投資銀行が証明するように，賢明ではなく不成功だっただろう。

　国際貿易のルールを集団で向上させる責任をとる方に向かって，中国は米国や欧州連合のような大貿易相手国と仕事をしようとしている。中国経済の内部改革とそのグローバル経済の中での変わりつつある役割が，それらの多様性の上で機能し新しい一組のルールに同意するために，途上大国である中国や先進諸国にとって共通の土俵を与えている。世界と同様に太平洋岸諸国の中で重要な不可欠のプレーヤーとして，中国は21世紀の貿易システムの出現に，より積極的な役割に着手するよう期待されている」。

7．仮想空間「メルカリ経済圏」は成長するか

　まず，株式会社メルカリ（mercari，代表取締役会長CEO 山田進太郎，東京都港区六本木）がオープンイノベーション・ベンチャー創造協議会の第4回日本ベンチャー大賞（内閣総理大臣賞）を受賞しました[25]。「誰もがスマホで簡単にモノの売買を楽しめるサービス。循環型の消費スタイルを提案し，グローバル展開も実現」というのが受賞理由です。また，「新たな価値を生みだす世界的なマーケットプレイスを創る」というのが会社のモットーだそうです。

　「メルカリ経済圏」とはフリーマーケットのアプリケーションのこと。というよりネットワークによる中古市場のことです。「高いシェアを握る」メルカリ「社が社内外に事業を広げることで，『メルカリ経済圏』がさらに拡大しそうだ」（日経2018.3.27）[26]。それをめぐって

第6章　グローバル企業と世界経済の現況

は貨幣本位から価値本位主義（二次流通本位の購買）へと言われます（「現代ビジネス」27)。また，「インターネット＝個人のエンパワーメント」，"サーキュレーションエコノミー（循環する経済)"とも指摘されています。要するに，エコのことですかね。もちろん循環経済とか循環社会と言っているから，エコロジーのことですよ。そのこと自体は注目すべきことでしょう。しかし，バーチャルじゃねぇー。「不都合な真実」とかバーチャル空間とか少し違うんじゃないかと思います。これはビットコインや地域通貨と比べてみれば分かりやすいかと思います。比較の発想がいいですね。また，人民元の課題ももっと理解できるのではないでしょうか。マネー経済は世界金融危機を引き起こしました。もともと貨幣とは何かといった視点がなければ，どうしようもないのではないでしょうか。実体経済との関係を見失えば，大変なことになります。

　ともかく，メルカリ社は他のネット通販とも連携しつづけています。ネットワーキングは必要ですが，それをどう活用するかが問われているのではないでしょうか。まさに正念場といえます。今後の展開を見なければわかりませんが，「メルカリ」はいま巷で中古市場をまさに席巻しつつあります。それが「経済圏」に成長するのかどうか。地域で生まれたフリーマーケットは随分前からそれなりに活発でしたが，それ以上に伸びるかどうかは何ともいえないのではないでしょうか。

8．パナマ文書の衝撃

　2016年5月，パナマ文書が公開されました。21カ国・地域のタックスヘイブンに約21万のペーパーカンパニーが設立されていることが分かりました（志賀櫻『タックス・ヘイブン』も参照)。翌年末，

8. パナマ文書の衝撃

パラダイス文書というのも公表され,この方が膨大なものですが,影響ということではパナマ文書公開の衝撃の方がはるかに大きかったと言われています。ここではパナマ文書について解説しておくことにします。

E・リンプトンとJ・クレスウェルはこう書きました。

「何年もの間,莫大な額のドルが一連の見せ掛けの会社に流れ込んだ。なかでも,銀行記録と他の文書が示す,アンドラのピレニーズ自治体のバンカ・プリヴァーダでお金を保有していたエスカッチオン・インベストメントや,またもアンドラでアンドバンク・グループに預金を持つプロビティ・インベストメントや,スイスのベレンベルグのバルボア証券に預金を持つロイヤル・パシフィック・インベストメントだ。パナマは長く,パナマの租税に従うでもなく慈善的な理由を支えることを求められるでもないイーデンストーンのような異常な財団を設立することに特化してきた。しかし,それらは米国で法的な請求権からそれらを隠すためにそれらの資金調達に『貢献する』投資家を実際に許している」[28]。

「シグムンドゥル・D・グンラウグソン首相は,自分と妻が英領バージン諸島に会社を設立したことを暴露する文書が,利益相反の告発になった後,辞任要求に直面し副官に火曜引き継ぐよう求めた」。英国で,キャメロン首相は,金融の透明性を擁護することで悪い偽善について政府の尋問と弁解を求める要求にあっていました——漏えいが彼の家族が租税回避地のオフショアに開示されていない富を保有していることを示した時,およそ20パーセントの人口が1日1.25米ドル以下で生活しているパキスタンでは,「ナワーズ・シャリーフ首相は怒って,辞任を求める反対派の要求を撥ねつけ,自分の富を法的に獲得されたものと防衛して,悪事の申立てを反対派が支持するよう求

めた。彼の娘はツイッターで批判者たちに証明するか謝るかと言った」。フランス，ドイツ，オーストリア，韓国の官僚は，資金洗浄から税源浸食まで可能な不法行為を調査しはじめていると述べました。「フランスの財務相ミシェル・サパンは，政府は税源浸食者用の天国のブラックリスト上にパナマを置きつつあると国会に告げた」。暴露紙で確認された人物に習近平主席の義理の兄弟が含まれている中国では，政府は根拠のない攻撃だとそれについての報告を非難しました。「メディアセンサーはパナマの言及を追い払い，その言葉でインターネットの検索で質問を封じた」。官僚が遺漏文書をプーチン氏にたいする根拠のない政治的な攻撃だと払いのけもしたロシアでも，検事総長の事務所が火曜に高い経歴のロシアの個人たちがオフショア企業の受益者だったという報告をのぞき込んだろうと言いました[29]。

　政府による改革に向けてのいくつかの動きが生じましたが，どれも金融での国際的な闇市場をただいすには十分でありませんでした。『NYタイムズ』紙の編集委員会はこう書いています。「2009年に，世界金融危機に悩まされていた20カ国グループの指導者達は世界で最も豊かな人々が租税を支払うことを避けられるようにしてきた租税回避地を取り壊すという固い約束をした」。米国と欧州の政府は等しく，銀行が影の国際金融システムで租税詐欺や犯罪に使われていると心配していました。たいして，大部分の国が海外資金を隠すのを困難で危険なものにする重大な措置を採りました。132カ国のリーダーは経済協力開発機構によって開発された情報共有の基準を採用することで合意しました。これらのうちで，96カ国が，租税当局が市民の海外保有金を政府が入って調べられるよう企画された自動システムをつうじて次の両年にわたって銀行情報の共有を開始することが期待されていました。だがある主要な国際金融のハブが――パナマ（文書）に関すること「に署名するのを拒んだ。影の海外取引を可能にすることに特化するパナマの法律事務所モサック・フォンセカからの何百万も

8. パナマ文書の衝撃

の文書の最近の漏えいはそのことを変えるかもしれない」。パナマのファン・カルロス・バレーラ大統領は水曜日，自らの政府は国が「金融・法システムの透明性を強化する」ために採りうる措置を提案する現地と国際的な専門家のチームを任命すると発表しました。パナマの役人は，アメリカの銀行システムはいずれも透明性のモデルでなかったと指摘しました。「彼らは正しい。米国は依然，世界トップの租税回避地の一つである」。一部の国は，持ち主の本人確認を隠すシェル企業や他の法的な実体を設立するのを容易にすることで外国資金を熱心に惹きつけてきました。「米政府がこの問題に対して何らかの措置をとる間，それらは不十分だった」[30]。

ロイター社はこう報告しました。「欧州委員会は，ロイターによって見られた草案の立法に従って，英国が長く反対してきた，またブレグジットの国民投票の後までに引き伸ばされていた動きの中で，税源浸食を避ける信託に基づいた，より厳格な規則を火曜に提案するだろう」。EU は，信託の持ち主が何年も組成の渦中にいたことを確認するよう後押ししましたが，英国のキャメロン首相はひき続き，遺産を管理するのに使われる英国の信託のための個人情報の必要を引用しながら，EU 当局による過去の試みを封じました。「過去数週間にわたり，英国政府は再び，信頼の崩壊を避けるべく欧州委員会にロビー活動をしていた。EU の重役は加盟に関する 6 月 23 日の国民投票後まで決定を引き延ばした」。

S・シェーンはこう書きました。「最近，スリランカ，ジンバブエ，南アがオフショア口座を持つ市民の間で税源浸食者を取り押さえている国のふえつつあるリストに入った」。フランスの銀行 BNP パリバは，ケイマン諸島の支店を閉鎖すると述べました。「パキスタンでは，クリケットの選手が彼も貝殻会社を使ったことを認めている自分の家族のオフショア口座に対して首相を攻撃する政治家に転向した」。そして日本で会合している G7 諸国は，不正な金融を厳しく取

り締まることに合意しました。「それは最新の原子灰の降下だった」[31] (F. Betz 2017)[32]。

　要するにタックスヘイブンは現在の経済を象徴しているだけに、なかなか厄介な問題です。いくら対策が必要だと言ってもそれを簡単になくすことはできないかもしれないが、それが国際金融や世界経済の偽らざる事実だとしたら、私たちの生活嗜好もかなり変わるのではないでしょうか。

　ちなみに、タックスヘイブンの大悪玉はなんといってもスターバックスやアップルです。マイクロソフトだってそうです。いくら店内を装ったりすごい製品を発売したりしてもその事実を隠しとおすことはできないのです（下手をすると、かつて海外の児童労働で摘発されたナイキのようなことになりかねません）[33]。

[注]
1　ゴルバチョフ大統領の新思考外交。
2　ウエストファリア条約が淵源。
3　英国経済は、投票直後にはポンドと株価が大きく下落したが、銀行による事前・事後の対応が奏功したこともあり、金融市場と実体経済への影響は限られた。欧州委によれば、17年から18年にかけて、ポンド下落により輸出は好調だが、個人消費の伸びの減速と不透明感による設備投資の伸び悩みを背景として、実質GDP成長率はやや鈍化すると見られていた。BREXITになった理由には、移民の流入による影響がある。移民は増加傾向にあり、04年のEU拡大以降特に域内からの移民が増えている。経済効果としては、高度な技術・技能を持つ人材を受け入れられれば、受入国の経済成長を促進し、自国労働者の社会保障負担を軽減するなど良い影響をもたらすが、近年では賃金水準が低い東欧出身の労働者の拡大等を背景に英国の賃金を押し下げている。
　欧州が抱える大きなリスクの1つは金融リスクである。世銀のデータによれば、不良債権比率の世界平均は16年時点で3.91％だが、欧州の多くの銀行が平均値を超えており、特にイタリアの銀行はモンテパスキ（45.1％）を始めとして平均を大幅に超えている。16年の実質GDP成長率は、前年より低下して6.7％となった。寄与度を前年と比べると、純輸出がマイナス幅を拡大させるなど内需中心の成長であり、その中では投資から消費への転換の動きも見られる。
　中国経済の持続的な発展のためには、様々な構造問題を克服していく必要があ

[注]

る。政府は鉄鋼と石炭に注目し，削減目標を設定して過剰設備の解消に努める方針を公表し，16年の目標は達成されていた。しかし，実際の生産量は再び拡大する兆しも見え，仮に需要を越えた生産の伸びが加速していけば再び過剰生産が拡大する可能性もある。非金融企業の債務が，日本のバブル崩壊後のピークを越える水準まで急拡大しており，返済可能性，不良債権問題に懸念が高まっていた。さらに統計に含まれず高リスク商品が多いといわれている影の銀行部分に係る債務についても急拡大していた。沿海部大都市等を中心に不動産価格が上昇し，バブルが懸念されていた。一方で，不振地域を中心に住宅の過剰在庫問題も併存していた。

インド，フィリピン，ベトナムは，近年高い成長率を示しているが，内需の強さ，サービス業の堅調さ，資源依存度が相対的に低いこと，対米貿易黒字と対中赤字の拡大，海外労働者送金の大きな役割等，共通点がある。中南米経済は，主な輸出品である一次産品価格の下落や世界経済の減速に伴い，他の新興・途上国と同様に低迷している。資源価格の回復等に伴い，以後は緩やかに回復していくと見込まれていた。IMFは地域の経済成長率について，16年の－1.0％から17年は1.2％，18年は2.0％とプラス成長に転じると見込んでいた。

ロシア経済は緩やかな回復基調にある。14年7月以降のウクライナ危機の発生とクリミア併合に伴う欧米からの経済制裁に加え，15年以降，原油価格の下落を主因として，経済はマイナス成長で推移した。しかし，その後の価格上昇を追い風として，16年10-12月期に前年比0.3％と8期ぶりにマイナス成長を脱した。IMFの見通しによれば，17，18年は引き続きプラス成長で推移すると見込まれていた。

サウジアラビアの輸出額の8割が原油であるが，資源価格が下落すると経済も悪化しやすい。鉱物資源燃料に依存した経済構造からの脱却と共に，自国内での石油精製産業以外の製造業の発展やインフラ整備等，産業の育成・多角化を外国資本・企業等の協力を得ながら促進させることが課題である。

アフリカは最後のフロンティア市場と呼ばれ，多くの国が投資先として注目している。他方で，格差問題や資源輸出に依存しているため，南ア，ナイジェリアを始めとして多くの国では資源価格の下落によって財政収支が悪化する傾向がある等の課題もある。

4　2018年4月14日現在，米政権はTPP再交渉を仄めかしている（北海道新聞）。
5　https://www.weforum.org/
6　特集―ジェトロセンサー海外ビジネス情報（https://jetro.go.jp/）。
7　https://www.jetro.go.jp/policy2017...report180313.pdf
8　InfoTech 100（2008年）―上位25社（BusinessWeek誌）
　順位／企業名（国名）| 1/Amazon.com（米国）2/Apple（米国）3/Research In Motion（カナダ，現ブラックベリー）4/Nintendo　5/Western Digital（米国）6/América Móvil（メキシコ，中南米最大の携帯電話事業者）7/China Mobile（中国）8/Nokia（フィンランド）9/Asustek Computer（台湾）10/High Tech Computer（台湾）11/Google（米国）12/MTN Group（南ア，多国籍移動体通信事業者）13/IBM

（米国）14/Mobile Telesystems（ロシア最大の携帯事業者）15/Telefonica（スペイン）16/Vimpelcom（ロシア）17/Hon Hai Precision（台湾）18/AT&T（米国）19/Accenture（米国）20/LG Electronics（韓国）21/Bharti Airtel（インド，電気通信業者）22/Oracle（米国）23/Microsoft（米国）24/Maroc Telecom（モロッコ）25/Turkcell Iletisim Hizmetleri（トルコ，通信最大手）(ITmedia NEWS)。何とモロッコやトルコの企業も入っている。

9　例えば2001年埼玉県行田市に私立ものつくり大学（技術工芸学部）が開設されている。

10　"Retail Multinationals and Globalization: The Evidence is Regional," *European Management Journal*, 21-1, Feb. 2003：https://doi.org/10.1016/S0263-2373（02）00150-0

11　"Globalization, industrial restructuring, and regional development in China," *Applied Geography*, 32-1, Jan. 2012：https://doi.org/10.1016/j.apgeog.2011.02.005Get rights and content.

12　2014年5月，単独の政党としては30年ぶりに下院で過半数を獲得したインド人民党（BJP）のモディ政権が始動して約3年が経った。モディ首相は「開発，成長，雇用」の実現に向け，矢継ぎ早に数々のスローガンを打ち立て，インドの進むべき方向性を国内外に示している。また，国内産業振興策，税制改革，金融部門改革等の構造改革にも取り組んでおり，高い支持率を維持している（『通商白書』）。

13　門倉貴史主宰の研究所が命名したらしい。

14　初めはBRICsだった。

15　Labor relations in a globalizing world, ILR Press, an imprint of Cornell UP. Retrieved, 2015（http://digitalcommons.ilr.cornell.edu/articles/1039/）

16　最後に，議論のための質問。
　1．なぜ国際的な生産の機会と国際貿易は一般に，交渉力の点でMNCに有利で労働組合に不利なのか。
　2．どんな要因が，地方の工場管理者に労使関係問題の管理の大部分を残しながら，歴史的にMNCが典型的に内部の労使関係の機能を分散させるのを選好するようになるのか。
　3．どんな最近の要因あるいは傾向が，多くのMNCが企業内の労使関係の機能のもっと中心の協調に向かうようにしているのか。
　4．組合が国をまたいだ同盟をしい，首尾よい国をまたいだ圧力や交渉キャンペーンを始めるように仕向けるのは非常に難しいのはなぜか。
　5．あなたの会社のグローバル・サプライチェーンで労働条件が公平で防衛可能であることを確かめるために，あなたが多国籍大企業で労使関係の長として採っただろう基本的な措置のいくつかを書きなさい。

17　"Multinational Companies in Cross-National Context: Integration, Differentiation and the Interactions between MNCs and Nation States," Revised

[注]

Draft: Mar. 2012. (https://warwick.au.uk/>irru>recentconf...pm_-mncs_-_integrating_and_differentiating_mar12.pdf)

18　Hyman（2009: 12）は最近，比較分析は基本だがたぶん不可能だという観察をしていた。本論は，国横断のプロジェクトに直面している主な挑戦——一組の並行の，大規模な，国ベースの研究の概観から比較分析のためのデータを生むことを狙った——を記録もしている。「各段階で当該チームのアプローチは挑戦を理解し，われわれができる最善のものとして処理する解決法を余儀なくすることだった」。MNCの利用できる要録情報の違いから生じる制約，研究チームに向けた利用できる資源および国をまたいだ資金の圧力と優先順位を与件とすると，実用主義的な妥協が時々なされる必要がある。「そのような比較研究プロジェクトを理解するプロセスを文書化することは，いかに4つの研究チームが『（不）可能の術』を理解しはじめるかに透明性を与えている」。

19　*Journal of Management Studies*, 53: 6 Sep. 2016: doi:10.1111/joms.121 90

20　「『地域戦略』という議題は停滞しているというのが明らかである」。この議題は，地域の影響が理解されると，距離のある変数が突然なおいっそう簡素で連続的な変数になる問題のひとつでの洗練された方法論と概念的な革新を使うことで，上級の研究のために豊かな途を与えてくれる。「たとえば，内部の者も外部の者もマクロ・レベルで地域の統合計画によって非常に違った影響を受けることがある。すなわち，新しい資源の組合せ直しを企業が採用する過程を探求することは国際化理論の実質的な拡張を可能にするだろうということである」。そのようなアプローチはまた，資源ベースの見解をもつという思考と取引費用の経済学における共同の土台をもって，このセオリーの理論的な建築用の煉瓦をふやすようにするだろう。

21　ニュースイッチ（日刊工業新聞）2017年1月12日：https://newswitch.jp

22　名目GDP成長率では2016年は前年より加速しており，17年第1四半期は11.8％と高い伸びとなっている。この背景には，過剰生産能力問題のため価格が低迷していた第2次産業で一定の改善が見られ，デフレーターがプラスに転じて名目成長率の上昇が続いている影響が大きい。また，第3次産業が名目，実質ともに高い成長を続けている。一方，地域的な跛行性が見られ，16年がマイナス成長となった遼寧省，石炭の過剰生産能力問題の影響が出た山西省など，東北・華北地域は，低い伸びにとどまっている（『通商白書』）。

23　中国では，世界経済危機により，全体が減速する中，2009年から10年にかけて4兆元の景気対策を実施し，これが過剰な生産能力を生み出した。その結果，需給バランスが崩れ，生産者物価は長期にわたって低迷し，鉱工業企業の財務内容を悪化させた。さらに鉄鋼等の業種では輸出が急増し国際的な問題も招いている。政府は17年主要重点政策分野の一つとして過剰生産能力の解消を挙げている。

24　L. Song, R. Garnaut, C. Fang, L. Johnston eds., *China's Domestic Transformation in a Global Context*, ANU Press, 2015. (http://www.jstor.org/stable/j.ctt16wd0dw.20)

第6章 グローバル企業と世界経済の現況

25 www.meti.go.jp/.../20180222002-1.pdf
26 1日,東証マザーズに上場する際の株式の公開価格を1株2700～3千円とする仮条件を決め,時価総額が4,000億円を超える可能性がある (北海道新聞,2018年6月2日夕刊)。
27 〔ネット版〕,2017.10.5-10.7
28 Lipton, E. and Julie, C. (2016) "Panama Papers Show How Rich United States Clients Hid Millions Abroad," *New York Times*, June 5. http://www.nytimes.com/2016/06/06/us/panama-papers.html?_r=0 [Citation Time(s): 4] パナマ経由で設立された見せかけの会社にかかわる個人が一部明らかになると,いくつかの反響がありました。スティーブン・エルランガー,S・キャッスルとR・グラドストーンはこう書いています。「世界中で政治家や有力者によって隠された莫大な富の暴露は,それらの除去を求める要求に打ち返すために指導者たちがヨーロッパからアジアへ行かざるを得なくさせ,その最初の政治的な因果関係を求めた──アイスランドの首相に圧力をかけて降ろさせた──,火曜に少なくとも2大陸で犯罪調査を生んだ」。
29 Erlanger, S., Castle, S. and Gladstone, R. (2016) "Iceland's Prime Minister Steps down amid Panama Papers Scandal," *New York Times*, April 5. http://www.nytimes.com/2016/04/06/world/europe/panama-papers-iceland.html [Time(s): 1]
30 Editorial Board (2016) "Financial Secrecy in Panama and Beyond," *New York Times*, April 8 (http://www.nytimes.com/2016/04/08/opinion/financial-secrecy-in-panama-and-beyond.html [Time (s): 1])
31 Shane, S. (2016) "Panama Papers May Inspire More Big Leaks, if Not Reform," *New York Times*, May 29, op.cit.
32 "Model of the International Financial Grid and the Panama Papers," *Theoretical Economics Letters*, 7 (4), June 2017 (https://doi.org/10.4236/tel.2017.74056)
33 「実証にもとづいた理論の利点のひとつは,自然現象のより深い理解を与えることである。これは自然科学と社会科学,とくに経済理論に当てはまっている。われわれは,『パナマ文書』と呼ばれる,2016年の経済学における経験的な現象を検討する」。出来事の報告では,「ダーク・マネー」の国際資本の流れでのダミー企業の使用に焦点を合わせた国際金融のネットワークの実証的な事例に資料が与えられている。「われわれは,国際金融という格子の類型的なモデルで事例を分析している」。
　この事例で,経済の事例研究を経済過程の位相空間モデルと結びつける研究方法の重要性が理解される。このアプローチでは,歴史的な事例研究の記述が「中位の範囲の」経済理論のためのモデル分析と統合されている (ここで「中位の範囲の」とは両極端の真ん中,中間のモデル分析というほどの意味であろう)。この場合,パナマ文書の開示が実証的な証拠を与える中位の範囲の経済理論は,規制がないか

[注]

実施されていないと、金融市場が穢い面をもつことがある、闇市場であることだ。経済理論の制度的な文脈をうち立てる時に歴史的な事例を使用することには、長い伝統がある。たとえば、R・マートンとZ・ボディーは「歴史的な文脈」を論評した。つまり、われわれは諸国、諸地域、諸企業、そして他の実体の金融制度を企画し管理するために機能的なアプローチを提案していると。これは新自由主義、新制度派、そして行動学の見通しの総合である。新自由主義の理論は科学とグローバルな金融慣行を結びつける理念的な駆動輪である。その予測が時間や地理的な境界をめぐって頑健だから。しかし、それ自体、新自由主義の理論は金融の制度構造の処方箋あるいは予言をほとんど与えない——すなわち、特定の種類の金融仲介機関、市場および規制団体、科学技術、政治学、人口論および文化的規範における根本的な変化に対応して進化するだろうし、またそうすべきである。それゆえに新自由主義のモデルは意思決定者に重要だが、不完全な案内をする。マートンとボディーが「新自由主義の理論」という文句で意味したものは、社会科学の理論（それらの場合に、経済理論）はどの社会でもいかなる時代にも有効なものとして構築される——しかし文脈なしにではなく——必要がある。彼らは新自由主義の理論を「重要だが不完全なもの」——社会の文脈がつけくわえられるまで不完全である——と呼んだ。これは、特定の社会における制度構造の「機能的な過程」が「理念的な過程」（新自由主義の理論）から逸脱するかもしれない——その時のかの社会行動ないし「非効率」のせいで。行動パターンは新自由主義の中位の範囲の一般化の予測（企画）のために新しい試みを創造することがある。あらゆる社会理論（経済理論を含む）は、特定の制度的な文脈にたいして文脈依存的である、社会構造ないし機能の表現に一般化されうる。中位の範囲の社会理論はいかに構造の機能がいかなる社会でも働くことがあるかという「理念的な」理論を与えているが——制度的な社会の文脈によって修正されている。資本の制度的な流れの制度モデルがさまざまな歴史上の事例の比較を可能にする——中位の範囲の経済理論をモデルとして一般化して描くために。理念型の社会理論（完全市場のような）は文脈がつけ加えられるまで不完全である。実証的に現実的な経済理論はつねに文脈による。これは、なぜ「歴史的事例研究」という形の経済史編集が経済学に実証的に必要であるかということだ——理論の文脈依存性を与えるために。実証的に現実的な経済モデルがなければ、経済政策は無効でありうる。たとえば2000年に、当時の米連邦準備制度議長がデリバティブ市場はすべての市場が完全だったから規制されるべきでないと米議会にたいして論じた。そしてその後抵当デリバティブ市場は2008年に米国経済を引きつづき崩壊させた。「われわれは、国際金融の格子（グリッド）の1モデルの有効性がいかに以下のような3つの研究技術の統合に方法的にもとづいているかを叙述してきた。すなわち、(1)中位の範囲の水準で定式化される経済理論、(2)歴史的な経済の経験の事例で有効化される経済理論、そして(3)理論を現実と結合する分析的な枠組を与える『経済事象の位相モデル』という技術である」。パナマ文書事件は国際金融網（グリッド）のモデルにおける秘密性に関する経験上の

第6章 グローバル企業と世界経済の現況

情報をつけ加えている。(F. Betz, "Model of the International Financial Grid and the Panama Papers," *Journal of Knowledge Economy*, 5, 761-783. [Time(s): 1])

結びにかえて

　2018年6月現在，就任2年目の米大統領D・トランプの政権が混迷の度を深めています。また，習近平率いる中国経済は，景気回復が期待されるなかで近年かつてほどの勢いを失っていると言わざるをえません。つまり中国経済が減速しています。インドはそうでもありませんが[1]。したがって，米中のG2が世界経済を必ずしも強力に牽引できず，低迷しています。むしろインドをはじめ，東南アジアほか新興国の経済が国際舞台で主役になりつつあります（ブラジル，ロシアの経済は微妙ですが。また，アフリカにはもっと注目されてよいと思います）。そのことは何を意味するでしょうか。これまでの叙述をふまえて少し敷衍してみることにしましょう。

　世界経済や国際金融はいわば激動の時代にあり，ISによる国際テロや北朝鮮問題もその激動に深く根ざしているように思われます（イスラム国は2017年に「消滅」し，18年4月27日現在南北朝鮮が完全な非核化と朝鮮統一の「共同宣言」を発表しました。もちろん具体的な道筋については米朝会談に委ねられています）[2]。つまり，世界の権力構造が現代社会の背景に存在していると考えざるをえません。政治のグローバル化であり，社会のグローバル化でもあるでしょう。そうすると，ことは経済のグローバル化ばかりでなく，経済以外のグローバル化，すなわち環境意識や人権意識のグローバル化が浮かびあがるようになってきます。いいかえれば，なによりも人間やコミュニティや伝統文化のグローバル化に着目してはじめて経済のグローバル化を解明できるという視点が欠かせない！　それは，あたかも各国の

結びにかえて

金融システムが歴史と文化を背景にもっているかのようなものです。けっして世界共通の金融システムがあるわけではありません。それはシステムを成り立たせているのがプレーヤーだと考えられるからです。経済社会もまた基本的に同じ構図でしょう。長くつづいたG7時代は基本的に終わり，G20[3]あるいはASEAN+3なる枠組が浮かび上がってきています。いまや米中G2やRCEPの時代なのです。

さて，世界がこうなっている以上，思いきって観光学の視角から経済学をオーバーホールしてみることも必要ではないでしょうか。ひとつは，何といっても観光産業は最大のGDPを生みだす分野だからです。それだけでなく，旅行・観光の思想が観光経済学の基礎には欠かせないものと思われます。そして，人間に関する哲学的な考察——ユマニスム，倫理学・人間研究など——を基本的な原点にすることが重要です。それはまた，企業の社会的責任の問題でもあります（伊東洋一「和辻倫理学における『個別性』の契機について」[4]では人間学，すなわち人の間の探究とされています）。ここでまた，現今の国際情勢に鑑みて非暴力・無抵抗主義が見直されるとすべきなのではないでしょうか。これはヒンズー教をはじめとするインド国民派の問題と捉えることもできます（それは，世界宗教の現状を内包しているともいえましょう）。そのことは本書の各所で，十分ではないかもしれませんが，少なくとも基本的な方向だけは述べられたといえましょう。

しかし，本書にもなお課題は残されていて，さらなる研究と教育（実践）が必要であることはいうまでもありません。まず，ガバナンスとマネジメントの観点からの考察が十分ではありません。また，観光学の射程はとても広いものです。わけても必要なものは国際交流や文化外交を含む国際関係論であろうと思われます。それは紛れもなく人間関係論なのです。いいかえれば，コミュニティをもとに少数民族の伝統文化の国際交流こそ，これからなおいっそう理論と実証が深められていかなければならないと考えられます。グローバル化とローカ

ル化のせめぎ合いが続くかぎり，ポリティカル・エコノミーにとってまさに正念場なのです。

　人生で大事なのは学力や学歴ではなく知恵（知力）や世界観であると同じように，学問もけっして知識ではなく，想像力・創造力そして説得力なのだと思います。歌でいえば高音は訓練によって出せるが，低音は生まれつきだそうです。つまり，努力しても無駄だそうです。しかし，私たちは世界経済や国際金融を虚心坦懐に見，分析する——政治・経済・社会的に考察する——という努力はつづけなければならないと思います。そうすることで経済学（エコノミックス）ははるかに見とおしの良いものになるものと考えます。

[注]
1　直近インドの成長率がなお高まっている。
2　2018年6月12日，シンガポールで米朝首脳会談が開かれた。しかし，完全な非核化や拉致問題などで具体的な工程表が示されたわけではない。
3　G20の有効性・存在意義には疑義も提出されているが。
4　「なぜ個から始めなくてはならぬか」との問題は「個別性の契機」を問題にするわれわれの究極の問題でこのような発問においては」「仏教哲学と関係するのではないかと考える。すなわち絶対有の立場に対して絶対無の立場が有力となる仏教哲学と深く関連しているだろうという予想である。（人間存在の理法であり，ニーチェ，キルケゴールの実存主義の研究〔デカルト批判〕となっている。ゴチック・傍点，筆者）
　　「和辻は『人間の学としての哲学（ま*）』において倫理学の再把握によって，存在論の転換を図ろうと試みた。倫理こそが存在論的な根柢であるという画期的な主張は，しかし，全体と個の循環的な運動の理念によって体系的な思想として完成させられたが，実はそこでは和辻の着想の画期的意義は損なわれてしまっている。人間存在への根本の問いを新たにすることの出来る着想は，他者の倫理的意味が，自己への振る舞いの視点を介して転化され自己を形成するという運動として理解する時に初めて，現代的な意義が存する」（内藤可夫「和辻哲郎『人間の学としての倫理学』における倫理的存在論の着想」人間と環境電子版7（2014）：https://www.jstage.jst.go.jp/article/uneoka/7/0/7kj00009090019/9/_pdf/jan）。なお，彼はまたミラーニューロンや儒教にも着目している。

主要文献資料一覧

＊まず本書全般にかかわる主要文献をあげる。その後に各章で参考とした文献・資料をあげる。但し、各章で具体的に言及した文献・資料は除いている。

UNCTAD, *World Investment Report*, various issues (http://www.unctad.org/)
UNWTO (World Tourism Organization), Annual Report 2016 (http://cf.cdn.unwto.org/sites/all/files/pdf/annual_report_2016_web_0.pdf)
OECD, *OECD Economic Surveys* (https://www.oecd-library.org/)
IMF, "World Economic Outlook" (http://www.imf.org/external/datasets/WEO)
"Fortune Global 500 List" (http://www.fortune.co.jp/)
世界観光機構 UNWTO、「Tourism Highlights, 2017 Edition 日本語版」(https://www.e-unwto.org/doi/pdf/10.18111/9789284419296)
JETRO『ジェトロ貿易投資白書』(日本貿易振興機構)
経済産業省『通商白書』
内閣府「世界経済の潮流」
国土交通省『観光白書』(環境庁)
文部科学省『情報通信白書』
内閣府『経済財政白書』(『経済白書』)、「世界経済の潮流」
総務省『情報通信白書』
K・アームストロング(小林朋則訳)『イスラームの歴史』中公新書、2017年。
J・アーリー，J・ラースン(加太宏邦訳)『増補改訂版 観光のまなざし』法政大学出版局、2014年
B・アイケングリーン(小浜裕久監訳、浅沼信爾解題)『とてつもない特権』勁草書房、2012年
B. Eichengreen and M. Kawai eds., *Renminbi Internationalization: Achievements, Prospects, and Challenges*, Asian Development Bank Institute and Brookings Institution Press, 2015
安保哲夫『戦間期のアメリカの対外投資』東京大学出版会、1984年；『アメリカに生きる日本的生産システム』(共著)東洋経済新報社、1991年
安藤昌益『統道真伝(上・下)』岩波文庫、1966、67年
井口貢編『観光学事始め：「脱観光的」観光のススメ』法律文化社、2015年
K・イシグロ(土屋政雄訳)『日の名残り』中央公論社、1990年；(小野寺健訳)『遠い山なみの光』ハヤカワepi文庫、1982年
岩崎利彦『21世紀の「資本論」』御茶の水書房、2015年

主要文献資料一覧

M・ウィルキンス（江夏健一訳）『多国籍企業の成熟』ミネルヴァ書房，1976 年；『多国籍企業の史的展開』1973 年
I・ウォーラーステイン（丸山勝訳）『ポスト・アメリカ―世界システムにおける地政学と地政文化』藤原書店，1991 年；（川北稔訳）『史的システムとしての資本主義』岩波書店，1985 年
宇野弘蔵『経済政策・改訂版』弘文堂，1971 年
馬田啓一・小野田欣也・西孝編著『グローバル・エコノミーの論点』文眞堂，2017 年
SGCIME 編『第 3 版 現代経済の解明』御茶の水書房，2017 年；『グローバル資本主義の変容と中心部経済』，『グローバル資本主義と新興経済』日本経済評論社，2016 年
大江健三郎『暴力に逆らって書く』朝日新聞社，2003 年，『鎖国してはならない』『言い難き嘆きもて』講談社，2001 年
大西康之『東芝解体 電機メーカーが消える日』講談社現代新書，2017 年。
大森琢磨『米中経済と世界変動』岩波書店，2014 年
岡部光明『人間性と経済学：社会科学の新しいパラダイムをめざして』日本評論社，2017 年
加藤周一『日本文学史序説（上・下）』筑摩書房，1975，80 年，『雑種文化』講談社文庫，1956 年，『羊の歌―わが回想』正・続，岩波新書，1968 年，『「日本文学史序説」補講』ちくま学芸文庫，2006 年
加藤博・岩崎えり奈『現代アラブ社会』東洋経済新報社，2013 年
Randall D. Germain ed., *Globalization and Its Critics*, PERC, 2000
金成隆一『ルポ・トランプ王国―もう一つのアメリカを行く』岩波新書，2017 年
河村哲二『第二次大戦期アメリカ戦時経済の研究』御茶の水書房，1998 年；『パックス・アメリカーナの形成』東洋経済新報社，1995 年
河村哲二編著『グローバル経済下のアメリカ日系工場』東洋経済新報社，2005 年
C・P・キンドルバーガー（飛田紀男訳）『金融センターの形成』厳松堂出版，1995 年
公文溥・安保哲夫編著『日本型経営・生産システムと EU』ミネルヴァ書房，2005 年
高行健（飯塚容訳）『霊山』集英社，2000 年
Joy Kogawa, Obasan（長岡沙里訳）『失われた祖国』中公文庫，1998 年
E・サイード（今沢紀子訳，板垣雄三・杉田英明監修）『オリエンタリズム』平凡社，1986 年，（大橋洋一訳）『知識人とは何か』平凡社ライブラリー，1998 年
佐藤滋・古市将人『租税抵抗の財政学』岩波書店，2015 年。
志賀櫻『タックス・ヘイブン』『タックス・イーター』岩波新書，2013，14 年
司馬遼太郎『街道を行く』シリーズ，朝日新聞社，1971 年～ 96 年
島村高嘉／中島真志『金融読本〔第 30 版〕』東洋経済新報社，2017 年
J・ショールズ（鳥飼久美子監訳，長沼美香子訳）『深層文化』大修館書店，2013 年

主要文献資料一覧

G・ジョーンズ（安室憲一・梅野巨利訳）『国際経営講義』有斐閣，2007 年
杉浦克己『コミュニケーションの共同世界』東京大学出版会，1993 年
鈴木大拙『禅と日本文化』岩波新書，1961 年
J・スタインベック（大久保康雄訳）『怒りの葡萄』新潮文庫，1967 年
J・スティグリッツ（峰村利哉訳）『世界に分断と対立を撒き散らす経済の罠』徳間書店，2015 年；鈴木主税訳『世界を不幸にしたグローバリズムの正体』徳間書店，2002 年
A・セン（大石りら訳）『貧困の克服』集英社新書，2002 年
代田純『ユーロ不安とアベノミクスの限界』税務経理協会，2014 年
末廣昭『新興アジア経済論』岩波書店，2014 年
関下稔『21 世紀の多国籍企業』文眞堂，2012 年
Miguel de Cervantes [Saavedra], Don Quíxote, Complete, Translated by John Ormsby（カシオ EX-word DATAPLUS 7「世界文学 1000 作品」）
侘美光彦『世界大恐慌』御茶の水書房，1994 年；『「大恐慌型」不況』講談社，1998 年
侘美光彦・杉浦克己編『国際金融・基軸と周辺』社会評論社，1986 年
竹中千春『ガンジー 平和を紡ぐ人』岩波新書，2018 年
John H. Dunning, *Making Globalization Good*, Oxford UP, 2003；*Globalization of Business: The Challenge of the 1990s*, Routledge Revivals, 1993
ユン・チアン（土屋京子訳）『ワイルド・スワン』講談社，1993 年
N・チョムスキー（鈴木主税訳）『覇権か，生存か アメリカの世界戦略と人類の未来』集英社新書，2004 年
Noam Chomsky and David Barsamian, *Propaganda and the Public Mind*, South End Press, 2001（藤田真利子訳『グローバリズムは世界を破壊する プロパガンダと民意』明石書店，2003 年）
堤未果『ルポ 貧困大国アメリカ Ⅰ・Ⅱ』岩波新書，2007, 10 年
ドストエフスキー（工藤精一郎訳，米川正夫・中山省三郎訳）『罪と罰』，『カラマーゾフの兄弟』新潮文庫，1987 年；あおぞら文庫（https://www.aozora.gr.jp/）
E・トッドほか『自由貿易という幻想—リストとケインズから『保護貿易』を再考する』藤原書店，2011 年
Leo Tolstoy, *War and Peace*, 1869（EX-word）
中林伸一『G20 の経済学』中公新書，2012 年
西田幾多郎『善の研究』岩波文庫，1950 年
野村実『人間シュバイツァー』岩波新書，1955 年
西川潤『新・世界経済入門』岩波新書，2014 年
莫言『赤い高粱』岩波現代文庫，井口晃訳・2003 年，『天堂狂想歌』中央公論新社，吉田富雄訳・2013 年
パール・バック（新居格訳）『大地』新潮文庫，1953 年

主要文献資料一覧

林望『習近平の中国：100年の夢と現実』岩波新書，2017年
T・ピケティ（山形浩生・守岡桜・森本正史訳）『21世紀の資本』みすず書房，2014年
広瀬隆『危険な話　チェルノブイリと日本の運命』八月書館，1987年
福島瑞穂『いま会いたい　いま話をしたい』明石書店，2003年
藤原正彦『若き数学者のアメリカ』新潮文庫，1981年
ウイリアム・ブレイク（土居光知訳）『ブレイク詩集―無心の歌，経験の歌，天国と地獄の結婚』平凡社ライブラリー，1995年
David Held ed., *A Globalizing World?* Routledge, 2000（中谷義和監訳『グローバル化とは何か』法律文化社，2002年）
K・ポメランツ／S・トピック（福田邦夫／吉田敦訳）『グローバル経済の誕生　貿易が作り変えたこの世界』筑摩書房，2013年
K・ポランニー（吉沢英成ほか訳）『大転換―市場経済の形成と崩壊』東洋経済新報社，1975年
マルコ・ポーロ（愛宕松男訳注）『東方見聞録1・2』東洋文庫（平凡社），1971年
水上啓吾『ソブリン危機の連鎖　ブラジルの金融財政政策』ナカニシヤ出版，2016年
みずほ総合研究所『BRICs持続的成長の可能性と課題』東洋経済新報社，2006年
水野和夫『資本主義の終焉と歴史の危機』集英社新書，2014年
宮本常一『旅と観光』宮本常一講演選集5・農文協，2014年；『宮本常一　アフリカ・アジアを歩く』岩波現代文庫，2001年，『忘れられた日本人』岩波文庫，1984年，『旅にまなぶ』宮本常一著作集31・未来社，1975年
メルヴィル（富田彬訳）『白鯨』改訳，角川文庫，2015年
The Issues on the Task and Prospect of Social Science in 21st Century, MokWon Univ., Korea, 2003
本橋渥『現代中国経済論：過渡期経済と文革期経済批判』新評論，1993年；『中国文化大革命の再検討（下）』東亜文化研究所，1979年
本山美彦ほか編『3.11から一年　近現代を問い直す言説の構築に向けて』御茶の水書房，2012年
安室憲一『多国籍企業と地域経済　「埋め込み」の力』御茶の水書房，2012年
八木紀一郎，杉浦克己ほか『21世紀の経済社会を構想する』桜井書店，2001年
柳宗悦『民藝とは何か』講談社学術文庫，2006年
柳田國男『遠野物語・山の人生』『青年と学問』『海上の道』岩波文庫，1976年，1978年；『底本　柳田國男集・第三巻』新装版・筑摩書房，1968年
山口重克『類型論の諸問題』，『現実経済の諸問題』御茶の水書房，2006年，2008年
山口重克編著『東アジア市場経済の多様性と可能性』御茶の水書房，2003年；『新版　市場経済　理論・歴史・現状』名古屋大学出版会，2004年
V・ユゴー（豊島与志雄訳）「レ・ミゼラブル」1917年（EX-word）
Malala Yousafzai with Christina Lamb, *I Am Malara: The girl who stood up for*

主要文献資料一覧

education and was shot by the Taliban, Back Bay Books, 2014.
吉田和男『IT 経済学入門』有斐閣, 2002 年
米倉茂『英国為替政策』御茶の水書房, 2000 年；米倉茂『サブプライムローンの真実』,『新型ドル恐慌』,『ユーロ銀行同盟の構図』創成社, 彩流社, 文眞堂, 2008, 09, 14 年
B・リエター（小林一紀・福元初男訳）『マネー崩壊―新しいコミュニティ通貨の誕生』日本経済評論社, 2000 年
劉燕子編（横沢泰夫ほか訳）『天安門事件から「08 年憲章」へ：中国民主化のための闘いと希望』藤原書店, 2009 年
劉暁波（野沢俊敬訳）『中国現代知識人批判』岩波書店, 1992 年
D. Rodrik, *The Globalization Paradox: Democracy and the Future of the World Economy*, 2011（柴山桂太・大川良文訳『グローバリゼーション・パラドクス 世界経済の未来を決める三つの道』白水社, 2014 年）
ロマン・ロラン（豊島与志雄訳）「ジャン・クリトフ」1931 年（EX-word）
和田春樹『北朝鮮現代史』岩波新書, 2012 年；『私の見たペレストロイカ』1987 年
渡辺一夫『フランス・ユマニスムの成立』岩波全書セレクション, 2003 年
和辻哲郎『人間の學としての倫理學』岩波全書, 1935 年
Financial Times
Japan Times
New York Times
「ウォールストリートジャーナル日本語版」(jp.wsj.com/public/ jp/)
『日本経済新聞』
『朝日新聞』
『読売新聞』
『毎日新聞』
『日本農業新聞』
『北海道新聞』
NewsPicks 編集部（noreply@newspick.com）
Twitter（info@twitter.com）
日経ビジネスオンライン（nbonline@nikkeibp.co.jp）
朝日新聞デジタルヘッドライン（digital-news@asahi.com）
『現代用語の基礎知識』（自由国民社）
『DATA　PAL』（小学館）
「ウィキペディア」(www.wikipedia.co.jp/)
「デジタル版世界大百科事典」「マイペディア」ほか（EX-word（カシオ））
『週刊エコノミスト』（毎日新聞社）
『週刊東洋経済』
『世界経済評論』

主要文献資料一覧

『ジェトロセンサー』
『日経ビジネス』
『金融ジャーナル』
『国際金融』
『New Finance（地域金融）』
『北方圏ジャーナル』
『世界』（岩波書店）
『中央公論』
『文藝春秋』
『アジア経済』
『国際ビジネス研究』
『中国資本市場研究』
『FIT（金融ITのすべてがわかる）』
『金融経済研究』（日銀金融経済研究所）
『信用理論研究』

浅川和宏「メタナショナル経営論からみた日本企業の課題　グローバルR&Dマネジメントを中心に」経済産業研究所RIETI Discussion Paper Series 06-J-030, 2006年4月（http://www.rieti.go.jp/jp/publications/dp/06j030.pdf）

伊東洋一「和辻倫理学における『個別性』の契機について」弘前大人文学部文経論叢哲学篇, 2号, 1966年12月（http://hdl.net/10634/2903：2018年2月23日閲覧）

小野英佑「連邦準備制度の成立過程（一）～（四）」立正大『経済学季報』第20巻第1/2合併号～第22巻第3/4合併号, 1971年3月～73年3月。

笠原伸一郎「多国籍企業の進化とその理論的変遷──新産業における技術革新による企業のグローバル化展開──」『専修大経営研究所報』第186号, 2010年11月（https://www.senshu-u.ac.jp/~off1005/kankou/publication/186publicationold.htm）

河村一「旅行・観光思想の現況と展望に関する試論──日本の「総合的な人間研究」の観点から──」釧路公立大紀要『人文・自然科学研究』第30号, 2018年3月；「グローバル化とローカル化の『隔たり』について──世界経済の構造変化とMNEの行方を見すえて──」釧路公立大『社会科学研究』第29号, 2017年3月；「グローカル化時代の国際交流の課題──日本の文化外交の視角から──」KPUディスカッションペーパー・シリーズB, No.10, 2014年12月；「文化のグローバル化再考──民衆文化の変容と国際交流の課題──（上）」釧路公立大『人文・自然科学研究』第27号, 2014年3月；「北海道の国際化・グローバル化を考える」2011年10月4日（手稿）

Hajime Kawamura, "Investigating the Industrial Structure in the Province of British Columbia and East Hokkaido: Analytical Sketch," KPU Discussion Paper Series A., No. 4, 1999.4.

主要文献資料一覧

Bob Jessop（中谷義和訳）「リージョナリズムとグローバリズムの力学—批判的政治経済学のパースペクティブ—」『立命館大人文科学研究所紀要』第99号，2013年3月（http://www.ritsumei.ac.jp/acd/re/k-rsc/hss/book/pdf/no99_02.pdf）
難波正憲「グローバルニッチトップ企業の経営戦略‐九州編‐」経済産業講演会資料，2012年2月（https://www.rieti.co.jp/events/pdf）
大槻智洋「これがホンハイ流スピード経営だ！シャープ蘇らせた驚異のコスト削減と販売力の真髄」Enterprise (Business Insider Japan), Dec. 08, 2017（https://www.msn.com/ar-BBGnETi）2018年3月20日閲覧
吉川良三×大槻智洋「サムスンと鴻海を日本で最も知る男の熱い討論　シャープがダメになった理由それは社長が命懸けで仕事していないから」週刊現代，2012.10.25（www.kodansha.co.jp/）
「経済専門家28人に聞いた　すべて実名『5年先が見えている会社』『30年先を読んでいる会社』『目先のことで手一杯の会社』」現代ビジネス，2014.07.24（http://gendai.ismedia.jp/）

第1章

M・ボワイエ（成沢弘幸訳）『観光のラビリンス』法政大出版局，2006年
E・ブルーナー（遠藤英樹他訳）『観光と文化』学文社，2007年
J・マック（瀧口治・藤井大司郎監訳）『観光経済学入門』日本評論社，2005年
M・T・シンクレア／M・スタンプラー（小沢健市監訳）『観光の経済学』学文社，2001年
桑原武夫『文学入門』岩波新書，1950年
W・S・モーム（西川正身訳）『読書案内—世界文学—』岩波文庫，1997年
コロンブス（林屋永吉訳）『コロンブス全航海の記録』岩波文庫，2011年
「世界文学年表」http://www.pulp-literature.com/chronological/index.html：2018年4月20日閲覧）

第2章

代田純『ユーロ不安とアベノミクスの限界』税務経理協会，2014年
米倉茂『とことんわかるアベノミクスと日本銀行』幻視社，2013年
翁邦雄『金融政策のフロンティア』日本評論社，2013年
岩田規久男，浜田宏一・原田泰『リフレが日本経済を復活させる』中央経済社，2013年
上山邦雄／塩地洋／産業学会自動車産業研究会編『国際再編と新たな始動—日本自動車産業の行方—』日刊自動車新聞社，2005年
野口旭『アベノミクスが変えた日本経済』ちくま新書，2018年
服部茂幸『偽りの経済政策—格差と停滞のアベノミクス』岩波新書，2017年
高橋伸彰『ケインズはこう言った〜迷走日本を古典で斬る』NHK出版新書，2012年

主要文献資料一覧

中野剛志『TPP亡国論』集英社新書，2011年
岩間剛一『「ガソリン」本当の値段　石油高騰から始まる"食の危機"』アスキー新書，2007年
佐々木隆雄『アメリカの通商政策』岩波新書，1997年
戴國煇『台湾―人間・歴史・心性―』岩波新書，1988年
姜信子『日韓音楽ノート―＜越境＞する旅人の歌を追って―』岩波新書，1998年
上杉隆『一億総洗脳化の真実　国家の恥』ビジネス社，2011年

第3章
末廣昭『キャッチアップ型工業化論　アジア経済の軌跡と展望』名古屋大学出版会，2000年
青木健，馬田啓一編著『グローバリゼーションと日本経済』文眞堂，2010年
白石孝『グローバリズムとリージョナリズム―新たな世界貿易秩序への模索』勁草書房，1995年
P・ノーア，J・ターナー編（小幡道昭他訳）『資本主義とエネルギー危機―石油と産油国の経済構造―』柘植書房，1982年
北朝鮮研究学会編（石坂浩一監訳）『北朝鮮は，いま』岩波新書，2007年
宮塚利雄・宮塚寿美子『北朝鮮・驚愕の教科書』文春新書，2007年

第4章
西部忠編『（福祉a）地域通貨』ミネルヴァ書房，2013年
岡田仁志／高橋郁夫／山崎重一郎『仮想通貨―技術・法律・制度』東洋経済新報社，2015年
廣田裕之『地域通貨入門』アルテ，2005年
須藤修／後藤玲子『電子マネー』ちくま新書，1998年
藻谷浩介，NHK広島取材班『里山資本主義』角川oneテーマ21，2013年
関根千佳『スローなユビキタス・ライフ』地湧社，2005年
金子郁容『ボランティア』岩波新書，1992年
加藤敏春『エコマネー』日本経済評論社，1998年
室田武『地域・並行通貨の経済学』東洋経済新報社，2004年
嵯峨生馬『地域通貨』日本放送出版協会，2004年
外岡秀俊『3.11複合被災』岩波新書，2012年
足立研幾『国際政治と規範』有信堂，2015年
戸倉莞爾ほか『現代政治の理論と動向』晃洋書房，2016年
縣公一郎・藤井浩司編『ダイバーシティ時代の行政学』早稲田大学出版部，2016年
岡田朋之，松田美佐編『ケータイ学入門』有斐閣選書，2002年
D・カークパトリック（小林弘人解説，滑川海彦訳）『フェイスブック』日経BP社，2011年

主要文献資料一覧

O. Amao, *Corporate Social Responsibility, Human Rights and the Law*, Routledge, 2011
田原総一朗『パソコンウォーズ最前線』講談社文庫，1992 年

第 5 章
穴沢眞・江頭進編著『グローバリズムと北海道経済』ナカニシヤ出版，2014 年
藤井良広『環境金融論』青土社，2013 年
横田雅弘・小林明『大学の国際化と日本人学生の国際志向性』学文社，2013 年
寺澤行忠『アメリカに渡った日本文化』淡交社，2013 年
日本カナダ学会編『史料が語るカナダ 1535-2006』有斐閣，2008 年
日本経済新聞社編『リーマン・ショック 5 年目の真実』日本経済新聞出版社，2014 年

第 6 章
中野剛志・柴山佳太『グローバル恐慌の真相』集英社新書，2011 年
西川潤『2030 年 未来への選択』日経プレミアムシリーズ，2018 年
大槻智洋「解剖『ケイレツリスト』 アップル経済圏の栄枯盛衰 裏読み『アップル経済圏』（上）」2017/6/15 2:00（日本経済新聞，2018 年 3 月 22 日）

索　引

【アルファベット】

ASEAN+3　ii, 55, 72, 176
Apple →アップル
BTC →ビットコイン
CB →コミュニティビジネス
CSR →企業の社会的責任
Dunning　180
EU　ii, 55, 62, 102, 161, 167
FDI →対外直接投資
FTA　60, 61, 110
G2　175, 176
G7　52, 167, 176
G20　75, 176, 180
GE　156
GM　30, 31, 148, 149
Hon Hai Precision →鴻海精密工業
IBM　148, 169
ICT　120, 121, 149, 151, 157
IMF　30, 44, 68, 140, 143, 150
IS →イスラム国
IT　55, 83, 152, 182
IoT　93, 96, 97, 103, 104
MNC →多国籍企業
MNE →多国籍企業
Microsoft →マイクロソフト
NAFTA →北米自由貿易協定
NEC　31, 149
NGO　86, 154
NPO →非営利組織
SB →ソーシャルビジネス
SNS →ソーシャル・ネットワーキング・サービス
TPP　65, 72, 144, 169, 185
WSF →世界社会フォーラム
WTO　69, 70, 140, 150, 151, 162

【あ行】

アイケングリーン（B. Eichengreen）　69, 178
アップル（Apple）　39, 148, 149, 168, 169, 186
安倍晋三　40
アベノミクス　ii, 41, 43, 44, 48-54, 67, 180, 184
アボリジニ　108, 132, 133
安保哲夫　178
イスラム国（IS）　i, 76-78, 175
「一帯一路」構想　162
岩崎利彦　178
インバウンド観光　2, 129
ウォルマート　148
内なる国際化　iii, 107, 130
埋め込み　i, 120, 181
エクソンモービル　148
エントロピー　109
欧州連合　62
大江健三郎　16, 179
オバマ　53, 142, 158
オープン・リージョナリズム　64

187

索　引

【か行】

影の銀行　68
加藤周一　5, 10, 179
河村哲二　179
観光学　ii, iii, 3, 4, 6, 11, 15
ガンジー　180
企業の社会的責任（CSR）　33, 46, 47, 83, 110, 115, 176
北朝鮮　79-81, 185
　――問題　i, 175
京都議定書　160
ギリシャ危機　152
金融危機　69
グローバリズム　55, 60, 64, 67, 69, 70, 72, 75, 180, 186
グローバリゼーション　35, 70, 74, 89, 90, 182, 185
グローバル化　i-iii, 10, 11, 14, 18, 24, 26, 29, 34, 36, 55, 58, 64, 70-73, 83, 100, 107, 110, 116, 122-124, 126-128, 131, 132, 134, 135, 140, 150-153, 156, 159, 160, 175, 176, 181, 183
グローバル企業　iii, iv, 71, 127, 137, 139, 147, 150
グローバル事業　58, 59
経済格差　158
経済圏　164
経済社会　160, 176
原住民　132
原発事故　160
国際競争　42, 43
　――力　149
国際交流　iii, 5, 14, 107, 108, 176
コミュニティ　89, 93, 100, 102, 175, 176
　――通貨　182
　――ビジネス（CB）　iii, 84, 85, 93, 94, 100, 103

【さ行】

サイエンスパーク　149
最貧国　159
サッチャー　30
里山資本主義　109, 185
サムスン　39, 149, 184
シャドーバンキング　68, 161
シャープ　52, 149, 184
習近平　162, 166, 175, 181
循環型経済社会　86
新自由主義　45, 140, 173
人民元の国際化　iii, 68-70
スタグフレーション　29, 139
スターバックス　168
スティグリッツ　50-52, 180
スローフード　4, 5, 109
世界社会フォーラム（WSF）　89, 90, 92, 93
世界文学　9-27, 184
世銀　157
ソーシャル・ネットワーキング・サービス（SNS）　91, 92
ソーシャルビジネス（SB）　84, 85, 87, 89, 93-95, 100, 102
ソニー　53

【た行】

対外直接投資（FDI）　iv, 33, 46, 64, 84, 125, 126, 147, 148, 150, 154, 155
多国籍企業（MNC または MNE）　i-iv, 32, 33, 35, 38, 39, 45-48, 58-60, 71, 83, 87, 100, 101, 120, 121, 123, 126-129, 133, 139, 140, 148, 150, 151, 153, 154, 156, 179-181, 183
タックスヘイブン　iii, 164, 168, 179
地域社会　i, 10, 11, 100

地域通貨　84, 88, 89, 93, 164, 185
中国石油天然気集団　148, 149
テロ　i, 76, 79, 175
伝統文化　iii, 10, 11, 71, 136, 175, 176
東芝　31, 149, 179
トヨタ　30, 31, 37, 53, 54, 148, 149
トランプ　iii, 142, 144, 146, 147, 160, 161, 175

【な行】

ナイキ　168
難民　158, 159, 161
ニューツーリズム　4
人間　ii, 71, 102, 175, 176, 179, 180, 182, 185
　——学　24
　——性　87

【は行】

パナマ文書　164-166, 172, 173
非営利組織（NPO）　33, 83-86, 93, 94, 102, 103
ビットコイン（BTC）　iii, 93, 97-101, 104, 105, 164
開かれた地域主義　64
貧困　84, 87, 89, 157, 180
フェイスブック　92, 185
フォックスコン　39, 52
フォード　149
北米自由貿易協定（NAFTA）　ii, 55, 62, 144, 151
ホスピタリティ　8, 15, 16, 109
ポピュリズム　61, 63, 74

ポリティカル・エコノミー　10, 31, 44, 71, 177
ホンハイ→鴻海精密工業
鴻海精密工業（Hon Hai Precision, ホンハイ）　149, 170, 184

【ま行】

マイクロソフト（Microsoft）　168, 170
マネタリズム　30
宮本常一　4, 181
ミレニアム開発目標　84
メルカリ　164
　——経済圏　163
モノのインターネット　93

【や行】

安室憲一　i, 120, 180, 181
柳田國男　3, 181
ユビキタス　86, 96, 109, 185
米倉茂　182, 184

【ら行】

リージョナリズム　55, 56, 60, 67, 69, 70, 72, 81
リージョナル化　70, 123, 127
リーマンショック　43, 186
レーガン　30
ローカリゼーション　156
ローカル化　10, 11, 24, 36, 38, 64, 70, 71, 122, 127, 134, 176, 183

【わ】

ワーキング・プア　40, 158

著者紹介

河村　一（かわむら・はじめ）

1953 年　北海道生まれ。
1987 年　東京大大学院経済学研究科博士課程（第二種）退学。
1998 年　釧路公立大教授，現在に至る。

主著：
『カナダ金融経済の形成』（御茶の水書房，2007 年）
『グローバル資本主義と企業システムの変容』（共著：御茶の水書房，2006 年）
『現代世界経済システム　変容と転換』（共著：東洋経済新報社，1995 年）
『国際金融　基軸と周辺』（共著：社会評論社，1986 年）
『資本主義とエネルギー危機　石油と産油国の経済構造』（共訳：柘植書房，1982 年）

グローバル化とローカル化のせめぎ合い
―人間，コミュニティ・伝統文化とポリティカルエコノミー―

2019 年 2 月 20 日　第 1 版第 1 刷発行　　　　　　　　　検印省略

著　者　河　村　　　一
発行者　前　野　　　隆
発行所　株式会社　文　眞　堂
　　　　東京都新宿区早稲田鶴巻町 533
　　　　電　話 03 (3202) 8480
　　　　Ｆ　Ａ　Ｘ 03 (3203) 2638
　　　　http://www.bunshin-do.co.jp/
　　　　〒162-0041 振替00120-2-96437

製作・モリモト印刷
©2019
定価はカバー裏に表示してあります
ISBN978-4-8309-5022-3　C3033